JN170059

ハンディシリーズ
発達障害支援・
特別支援教育ナビ
柘植雅義◎監修

藤野 博 編著

発達障害のある子の社会性とコミュニケーションの支援

・藤野 博
・阿部利彦
・田中真理
・高森 明
・大井 学
・森村美和子
・日戸由刈
・坂井 聡
・野口和人
・熊谷晋一郎
・稲田尚子
・加藤浩平

金子書房

「発達障害支援・特別支援教育ナビ」の刊行にあたって

2001年は，新たな世紀の始まりであると同時に，１月に文部科学省の調査研究協力者会議が「21世紀の特殊教育の在り方について ～一人一人のニーズに応じた特別支援の在り方について～」という最終報告書を取りまとめ，従来の特殊教育から新たな特別支援教育に向けた転換の始まりの年でもありました。特に画期的だったのは，学習障害（LD），注意欠如多動性障害（ADHD），高機能自閉症等，知的障害のない発達障害に関する教育の必要性が明記されたことです。20世紀の終わり頃，欧米などの他国と比べて，これらの障害への対応は残念ながら日本は遅れ，国レベルでの対応を強く求める声が多くありました。

しかし，その2001年以降，取り組みがいざ始まると，発達障害をめぐる教育実践，教育行政，学術研究，さらにはその周辺で深くかかわる福祉，医療，労働等の各実践，行政，研究は，今日まで上手い具合に進みました。スピード感もあり，時に，従来からの他の障害種から，羨望の眼差しで見られるようなこともあったと思われます。

そして14年が過ぎた現在，発達障害の理解は進み，制度も整い，豊かな実践も取り組まれ，学術研究も蓄積されてきました。以前と比べれば隔世の感があります。さらに，2016年4月には，障害者差別解消法が施行されます。

そこで，このような時点に，発達障害を巡る種々の分野の成長の全容を，いくつかのテーマにまとめてシリーズとして分冊で公表していくことは非常に重要です。そして，発達障害を理解し，支援をしていく際に，重要度の高いものを選び，その分野において第一線で活躍されている方々に執筆していただきます。各テーマを全体的に概観すると共に，そのテーマをある程度深く掘り下げてみるという２軸での章構成を目指しました。シリーズが完成した暁には，我が国における発達障害にかかわる教育を中心とした現時点での到達点を集めた集大成ということになると考えています。

最後になりましたが，このような画期的なアイデアを提案して下さった金子書房の先見性に深く感謝するとともに，本シリーズが，我が国における発達障害への理解と支援の一層の深まりに貢献してくれることを願っています。

2014年9月

シリーズ監修　柘植雅義

Contents

第1章

社会性とコミュニケーションの支援
――多様性の包摂に向けて

藤野　博

1　はじめに

「コミュ力」という言葉がある。また，コミュニケーション下手な人の蔑称として「コミュ障」という言い方も耳にする。「コミュ力」は子どもたちにとって，いわゆるスクールカーストの下層に落ち込まないために切実な問題であり，学級集団の中で生き抜くための最重要スキルのようだ。学校生活だけにとどまらない。それは就活の決め手になり，職場でうまくやっていくための条件でもある。「コミュ力」の高い人たちは「社会性」があるとして高評価を受ける。「コミュ力」という言葉が使われる場面をよくみると，それは同調すること，空気を読んで相手に調子を合わせる巧みさをいうことが多いようである。それがいまの時代が求めているコミュニケーションの形なのだろうか。

いくぶんシニカルな書き出しになったが，コミュニケーションの重要性はむろん言うまでもない。それは他者と平和的に共存するためのもっとも穏当で効果的な手立てだからである。問答無用の実力行使より話せばわかるほうがよい。しかし「コミュニケーション」も「社会性」も，いま私たちが日常的に使っている意味判断をいったん保留して眺め直してみるべきかもしれない。時代や文化を超えた普遍的なコミュニケーション能力なるものはなく，コミュニケーションの理想形が社会的に決定されているのだとすれば，何が問題で何を支援する必要があるのかは，障害のある当事者にだけでなく，社会環境の側にも眼差しを向け，両者の関係のなかで問い直す必要があるからである。

発達障害の人たちの多くはコミュニケーションや社会性に問題を抱えているといわれている。とくに自閉スペクトラム症ではそれらが中核的な症状として挙げられている。本書では，発達障害の人たちのコミュニケーションと社会性の問題と支援のあり方について様々な角度から論じられている。やや大げさな物言いかもしれないが，それは発達障害の支援方法という枠を超え，様々な特徴をもつ人たちが共生する社会の基本デザインを示すものになっているようにも思われる。そのような社会における多様なコミュニケーションのあり方について，さらなる議論の布石にすることが本書の隠れたねらいである。

2 発達障害と社会性・コミュニケーションの問題

発達障害のある人たちの社会性とコミュニケーションの問題についてまず整理しておこう。医学的には，それらの問題を主な症状とする神経発達症としてDSM-5（米国精神医学会の診断基準）に「自閉スペクトラム症」と「社会的（語用論的）コミュニケーション症」が記載されている。また教育領域においては，文部科学省により学校での実態調査が定期的に行われている。

（1）自閉スペクトラム症（ASD）

DSM-5によると，自閉スペクトラム症は，社会的コミュニケーションおよび対人的相互反応における障害と常同的な行動様式を特徴とする。社会的コミュニケーションの問題としては，人への近づき方の異常さや通常の会話のできなさ，興味や感情を共有することの少なさ，やりとりの開始や応答の問題などが挙げられている。対人的相互反応については，視線を合わせることや身振りの異常，身振りの理解や使用の問題，顔の表情や非言語的コミュニケーションの問題などが挙げられている。

（2）社会的（語用論的）コミュニケーション症（SCD）

DSM-5でコミュニケーション障害の中に新設された新たなカテゴリーであり，次のような特徴が挙げられている。挨拶や情報の共有のような社会的な目的のために社会的文脈に適切なやり方でコミュニケーションすることの問題。遊び場と教室で話し方を変えるような文脈や聞き手の求めるものに合わせてコミュニケーションの仕方を変えることの難しさ。会話で順番交代をしたり，相手に伝わらなかったときに言い直しをしたり，やりとりをうまく続けるためのやり方がわからないことなどである。これらのコミュニケーションの問題の特徴はASDと共通する。

（3）通常の学級での実態調査

2012年度に行われた文部科学省の調査では，通常の学級で学習や行動面の困難のある児童生徒が6.5%いることが報告された。以下のような対人関係の問題に限ると1%であった。いずれもASDやSCDでよくみられる。

・含みのある言葉や嫌みを言われても分からず，言葉通りに受けとめてしまう
・会話の仕方が形式的であり，抑揚なく話したり，間合いが取れなかったりする
・いろいろな事を話すが，その時の場面や相手の感情や立場を理解しない
・共感性が乏しい
・周りの人が困惑するようなことも，配慮しないで言ってしまう
・友達と仲良くしたいという気持ちはあるけれど，友達関係をうまく築けない
・友達のそばにはいるが，一人で遊んでいる
・仲の良い友人がいない
・球技やゲームをする時，仲間と協力することに考えが及ばない

3 社会性の支援

（1）ソーシャルスキル・トレーニング（SST）

他者と良好な関係を築き，関係を維持し，円滑な社会生活を送るために役立つ様々な技能のことを「ソーシャルスキル」と呼ぶ。ソーシャルスキルは，仲

間から受け入れられる行動，人との関わりの中で好ましい結果をもたらす可能性を高める行動などと定義されている（Gresham, 1986）。グレシャムらが開発した世界でもっともよく使われているソーシャルスキル尺度であるSSRS（Social Skills Rating System）では，協調性，共感性，主張性，自己統制，責任性などが評価される。

発達障害とくにASDの人たちへの社会性とコミュニケーションの支援はまずソーシャルスキル・トレーニング（SST）として始められた。研究としてはメジホフを嚆矢として1980年代からその効果が報告されている。ASD児へのSSTにおいて介入の標的となってきた主なものを表1-1（次頁）にまとめた（藤野，2013）。

SSTの問題点として般化や維持の困難がよく指摘される。指導場面で習得したスキルが日常生活で活用できないことや長続きせず，すぐに使われなくなってしまうことである。こんなエピソードがあった。小学生のA君は，会話の仕方についてトレーニングを受けた後，よくできたことを帰宅後に母親から称賛された。母親は上手にできていたから学校でもやってみてね，と言ったところ，A君は「え？これ学校でもやんなきゃいけないの？」と疑問を呈したという。

般化の問題は，応用できない，つまり認知的な制約による場合もあるだろうが，動機づけの問題が大きいのではないだろうか。リハビリテーション医学では「できるADL（日常生活動作）」と「使っているADL」の対比として論じられているが，やれと言われればできるのに普段やっていないということである。SST的アプローチは「おててはおひざ」のような指示に素直に応じる幼少の子や，スキル獲得の必要性を自覚し，自ら習得しようという意識のある青年や成人には有効であろうが，小学校高学年から思春期の子どもや必要性を感じていない人たちにとっては，「やれと言われたから一応やった」以上にならないことも多いように感じられる。やらされている感が効果を減じている面もあるのではないだろうか。

それに対し，最近，余暇活動を通したコミュニケーション・社会性の発達促進の試みとその効果が報告されるようになった。同じ趣味や好みをもつ仲間とともに好きなこと，やりたいことに自発的に取り組むなかで，他者との関わりを深めていくことには大きな可能性があると思われる。

表1-1　発達障害児者へのSSTの目標

会話	社会的な関わり合い
会話の始め方，続け方，終わり方	社会的行動の始発
話の聞き方，傾聴	アイコンタクト
ターンテイキング	他児への関心を示すこと
質問	経験の共有
話題の選び方	アイデアの共有
話題の維持	**援助要請**
適切な話題の変化	大人への援助要請
感情の表現	**適応行動**
挨拶	学校での適応的な行動
丁寧表現	教師にとって好ましい行動
雑談	仲間にとって好ましい行動
交渉	
友人関係	**感情理解**
友人形成	顔の表情の理解
からかいやいじめへの対処	顔の表情理解
適切な友人の選択	声の音調や発話速度
仲間に入る方法・抜ける方法	言葉の字義通りでない解釈
他児と一緒にうまく過ごす方法	
友だちネットワークの拡大	
遊び	
他児を助けたり励ましたりすること	
活動の変更を他児に提案すること	

（2）暗黙のルールの理解

学校には明示されたカリキュラムとともに「潜在的カリキュラム（hidden curriculum）」がある。たとえば，決まった席に座る，チャイムが鳴ったら教室に戻る，先生が話している間おしゃべりはしない，授業中は挙手して指名されたときだけ発言できる，などである。暗黙のルールと言い換えることもできる。この概念は教育社会学者のジャクソンによって1960年代に提唱された

(Jackson, 1968)。潜在的カリキュラムは，Rules（規則)，Regulations（規律),Routines（慣例）の3つのRからなるという。佐藤（1987）によれば,潜在的カリキュラムは，学校教育の制度的な文脈と社会的な過程において隠れて作用する人間形成機能である。

ASDの人たちは暗黙のルールを直観的に理解することが難しい。それは心の理論や社会的認知の研究で明らかされてきた。ソーシャルストーリーは暗黙の社会的ルールの理解を助けることを意図して考えられた支援技法であり，一定の効果が報告されている（藤野，2005)。しかし，社会的状況は多様で流動的であり，ひとつの見本がいつでもぴったりあてはまるわけではない。定型発達者はストーリーとして記述された内容と現実との細かな違いは無視できるが,ASDの人たちは示された情報を細部に至るまで文字通りにとらえずにはいられないかもしれない。そうなると，ソーシャルストーリーは状況理解を助けるどころか，さらなる混乱のもとになる懸念がある（大井，2010)。Topics（82ページ〜）で紹介されている「ソーシャルシンキング」は，社会的場面の意味や力学を当事者自身が考え解き明かしていく点で，ソーシャルストーリーの限界を超える試みとして注目される。

（3）自己理解と他者との共存

社会性は人づきあいの問題に留まらない。自分自身とどう向き合うかの問題でもある。他者との共同生活には，一歩引いたところから自分を眺め，適度な抑制が求められる。自己と他者の違いを理解し，それぞれの価値を認め，受け入れることが肝要となろう。自尊感情の重要性が叫ばれるようになって久しいが，自尊感情と似て非なるものに「仮想的有能感」（速水，2011）がある。実態を超えた高すぎる自己評価のことである。自尊感情が主に直接的なポジティブ経験により形成されるのに対し，仮想的有能感は実際の能力に関係なく他者を軽視することで生じるという。

自尊心を分不相応に肥大させてしまった人は自分の失敗を認めることができず,それを他人のせいにすることがある。キレやすい人たちの問題を考える視点のひとつとして，この自尊心の「バブル化」があるように思われる。仮想的有能感が高い人たちは，自分の思惑通りに事が運ばないときに，それは自分のせいでなく誰かのせいだと考え，その相手へ怒りと攻撃が向けられる。一方，真の自尊感情は身の丈サイズの自己理解，すなわち己を知り，分をわきまえることに基づいているため，不本意な結果であっても，それを受け入れることができる。仮想的有能感でなく真の自尊感情を育成することは，他者との共同生活において心穏やかに過ごすために重要なことだろう。自己理解はその際のキーポイントになると考えられる。

（4）支え合いのネットワーク

ケアされ愛されている，認められている，互恵的なネットワークの中にいる，といった人からのサポートを受けている感覚のことを「ソーシャルサポート」と呼ぶ。気持ちの支え，直接的な援助，役立つ情報の提供，ふさわしい評価などからなる。コミュニケーションと社会性の支援は障害のある人にスキル獲得などの努力をさせることに終始してはならない。人からのサポートを実感でき，人に頼ることのできる環境づくりも大切である。SSTで獲得したスキルも，それを肯定的に受け止めてくれる人的環境がなければ使おうとは思わないだろう。ソーシャルサポートのある学級環境作りにおいては，先生が特定の子どもを障害のあるクラスメイトのお世話係として任命するより，先生に頼まれたからでなく自発的にさりげなくサポートしてくれる子が少数でもいるほうがよい。そして，共生的な学級風土づくりを先生が意識的に行っていると，困っている仲間を押しつけがましくなく自然に手助けする子どもが現れる。

また，ソーシャルサポートの観点から，地域の発達障害の子のための余暇支援グループへの参加も勧められる。筆者が関わっているあるグループに参加していた子どもは，このグループについて「いやなことを忘れながら，楽しく通っていい友達が出来たり，スタッフといろんなことを話して遊んだり，友だちと遊んだりしました。僕にとっては楽しい所だなと思いました」と語ってくれた（藤野・加藤，2015）。発達障害の人たちが安心して集うことができ，新たなチャレンジをしたくなる場づくりがこれからますます重要となるだろう。

4 コミュニケーション支援

（1）コミュニケーションスタイルの違いと歩み寄り

社会は基本的に多数派の人向けにデザインされている。これまで少数派である障害のある人たちが多数派である定型発達者に合わせることは自明視されてきた。SSTでも定型発達者のコミュニケーションスタイルに合った行動の仕方を習得することが目標とされることが多い。しかし近年，多様性の意義を認め，少数派のスタイルを尊重する考えが広がりつつある。コミュニケーションは双方の問題であり，どちらか一方のみが責任を負うのはフェアではない。発達障害の人たちがコミュニケーションスキルを習得することともに，定型発達者の側のコミュニケーションスキルも問われる。

定型発達者の語る言葉はよく言えば柔軟に，悪く言えばいい加減に，場面に応じて意味が変わる。それに対しASDの人たちは状況に関わらず細かいところまでぶれずに言葉を使いたいと思っているかもしれない。お互いの言語使用のスタイルを理解し，歩み寄ることが大切だろう。ASDの人たちが定型発達者の言葉の使い方を学ぶとともに，定型発達者がASDの人たちの言葉の使い方を理解することも必要である。

（2）デジタル時代の子ども理解

話し言葉での意思伝達そのものが困難な場合には，補助代替コミュニケーション（AAC）によるサポートが有効である。とりわけ近年ではタブレット端末で作動する様々なアプリが開発され，容易に利用できるようになった。現代の子どもたちは，生まれたときからICT（情報通信技術）環境の中にある。そのような人たちのことを「デジタルネイティブ」といい，物心ついてからICTツールを使うようになった人たちを「デジタルイミグラント（移民）」という。「ネイティブ」の子どもたちにとってICTは日常環境の一部であり，それを使うことはごく自然な行為であろう。デジタル機器利用の「ネイティブ」である子どもたちと「移民」である大人たちの間にもまたコミュニケーションスタイルのギャップがあるかもしれない。

AACが生活に根づくことを阻む5つのバリアがあるという（Beukelman & Mirenda，2005）。それらはポリシー，実践，知識，スキル，態度のバリアである。簡単にいえば，やる決まりになっていない，やったことがない，知らない，できない，やりたくない，ということだ。それらのバリアを生み出すのは新しいもの，未知なものへの抵抗感だろう。「ネイティブ」でない支援者は，自らがICT使用へのバリアを作り出していないか自問する必要がある。しかし一方，今日それらのバリアは急速に薄くなりつつあるようにも思う。タブレット端末やスマートフォンの普及に伴い，ICTツールを媒介にしたコミュニケーションはありふれたものになってきているからである。絵文字を使ったメッセージのやりとりも，言葉でなく絵による意思伝達を違和感のないものにしているだろう。コミュニケーションスタイルの多様化は確実に進んでいる。

5 おわりに

同じ集団に属していることを確認するための毛づくろい的コミュニケーションは他者と共存するための有効なサバイバル方略であろう。それは同化を指向する。その上手くいかなさが発達障害の人たちを生き辛くしているように思われる。そして，どのような訓練によっても定型発達社会への自然な同化はそう簡単なことではなさそうだ。その一方，お互いの違いを認め，相手の心の理解し難さを実感しつつ歩み寄りの努力をはかろうとする，差異や多様性を前提にしたコミュニケーションがある。そのようないわば異文化コミュニケーションの重要性はもっと認識されてもいい。発達障害の人との関わりは後者の大切さを教えてくれる。発達障害の人たちのみならず，支援者の側も変化が求められているのである。

【引用・参考文献】

Beukelman, D. & Mirenda, P.(2005) Augmentative and alternative communication: Supporting children & adults with complex communication needs 3rd ed. Paul H. Brookes Publishing Co., Baltimore.

藤野　博（2005）自閉症スペクトラム障害児に対するソーシャル・ストーリーの効果－事例研究の展望－．東京学芸大学紀要　第1部門（教育科学），56，349-358.

藤野　博（2013）学齢期の高機能自閉症スペクトラム障害児に対する社会性の支援に関する研究動向．特殊教育学研究，51 (1)，63-72.

藤野　博・加藤浩平（2015）余暇活動における支援．萩原　拓（編）発達障害のある子の自立に向けた支援．金子書房，pp118-125.

Gresham,F.M. (1986) Conceptual issues in the assessment of social competence in children. Children's social behavior: Development, assessment, and modification (Strain, P.,Gurolnick, M.Walker,H. (Eds.)), New York, Academic Press, pp143-179.

速水敏彦（2011）仮想的有能感研究の展望．教育心理学年報，50，176-186.

Jackson, P. W. (1968) Life in Classrooms. New York : Holt, Riehart&Winston.

文部科学省（2012）「通常の学級に在籍する発達障害の可能性のある特別な教育的支援を必要とする児童生徒に関する調査」調査結果．http://www.mext.go.jp/a_menu/shotou/tokubetu/material/1328729.htm

大井　学（2010）高機能自閉症スペクトラム障害の語用障害への根本対処法は現時点で存在しない：理論とエビデンスなき「コミュニケーション支援」を超え自閉症と共生する支援へ．アスペハート，24，22-28.

佐藤　学(1987)カリキュラムを見直す．岩波講座　教育の方法３　子どもと授業．岩波書店．pp67-112.

第2章

家庭で行う社会性とコミュニケーションの支援
――幼児期にできること

日戸由刈

自閉症の子どもにとって，幼児期前半（3歳前）は社会性とコミュニケーションの困難さが出現し始める時期である。家庭では，親子間のコミュニケーションが成立せず，身辺自立など社会的行動の獲得も進まない。この章の前半では，困難さの実態を具体的に述べ，支援の実践例を紹介する。後半では，この時期の困難さのメカニズムを解説し，支援のポイントを述べる。なお，登場する事例は，筆者がよく経験するエピソードを組み合わせた架空事例である。

1　3歳前の困難さの実態と，それに対する支援の実践例

（1）困難さの出現は２歳過ぎから

Aちゃんは，両親と3人暮らし。父親は仕事のため深夜の帰宅が多い。

乳児期，泣き声はか細く，表情はいつも淡々としており，自分から発声や身振りで人に働きかけることも少なかった。母親は「おとなしくて，手のかからない子」と感じており，1歳半健診で，保健師から「発語がほとんどなく，指さしもしない。発達が気になる」と保健センターの親子グループに誘われても，参加しなかった。

ところが2歳過ぎ，食事，着替え，排泄などを母親が促す度に，激しいかんしゃくを繰り返すようになった。大声で泣き続け，脱力して床に寝転がり，頭をガンガンと打ちつけることもあった。限られた単語で一方的に要求するばかりで，両親の呼びかけには応答しなかった。キャラクターやマーク，数字などには関心を示し，特定のDVDを喜んで眺めたが，すぐに飽きて母親にまとわりつき，ひとりで過ごせなかった。困り果てた母親は，Aちゃんを車に乗せ，

テーマパークやショッピングセンターなど，Aちゃんが喜びそうな場所へ毎日連れ歩くようになった。

3歳児健診で，保健師から「社会性とコミュニケーションの発達に遅れがある。市の療育センターで相談した方がよい」と助言された。母親は，困り感はあったものの「専門機関で相談するほどの発達の遅れ」とは捉えておらず，ショックで頭が真っ白になった。療育センターの受診まで待機期間が長く，不安と焦りを募らせる母親を心配した父親は，インターネットで発達支援サービスの事業所を見つけ，「やれることは，何でもやってみよう」と，母親に勧めた。

(2) 個別指導では落ち着いたものの……

発達支援サービスの事業所で，週1回の個別指導が開始された。絵カードを用いた名称課題，色や形のマッチング課題など，机上での認知発達課題に，Aちゃんは興味を持って取り組んだ。

一方家庭では，変わらず1日に何度もかんしゃくを起こし，身辺自立もまったく進まなかった。外出時は興味のある物が目に入ると，母親の手を振り払って走り出し，しばしば迷子になった。母親は，自身の思いがまったく通じず，マイペースにふるまうAちゃんに，強い苛立ちを感じるようになった。

相談を受けた事業所は，「ペアレントトレーニング」の利用を母親に勧めた。これは“親がトレーナーの視点を学ぶ”ための，親向けの集団プログラムである。1回が専門家の講義，親同士の話し合い，家庭での実践（宿題）で構成され，数回のシリーズで行われる。高額だったが，両親で話し合い利用を決めた。

1974年にUCLA神経精神医学研究所で始められたペアレントトレーニングは，子どもの行動変容を目的に5つのステップで行われる（Whitham, 1991）。このエッセンスが日本で紹介されると，ADHDや自閉症など，行動の困難を抱える対象に幅広く応用され，各地でプログラムが展開されるようになった。

Aちゃんの母親は，早速このプログラムで学んだように，排泄や食事での「約束」を決め，「ごほうびシール」を用意したが，効果はまったくなかった。プログラムに問題があった訳ではなく，取り組みがAちゃんの発達段階に合わなかったからである。しかし母親にとっては，「せっかく勉強したのに」と苛立ちが増すばかりであった。

(3)「どんぐりクラス」の実践例

3歳半になり，Aちゃんと両親は，ようやく市の療育センターを受診した。診察室でもマイペースにふるまい，発話も身振りも少ないAちゃんを診て，児童精神科の医師は「自閉症でしょう。社会性とコミュニケーションの発達を促すために，小集団療育を利用しては」と助言した。すでに両親はインターネットで調べており，子どもの状態が自閉症と診断されることには納得したが，自閉症の子どもがどう育っていくのか見通しが持てず，不安を感じていた。

ソーシャルワーカーとの面接や心理士による評価を経て，センターで小集団療育が開始された。子どもの年齢・発達段階・認知特性に沿ったクラス編成がなされ，Aちゃんは自閉症の3歳児6名の「どんぐりクラス」に，週1回，母親と一緒に参加するようになった。

①生活全般に，いつも同じやり方，同じルールを

どんぐりクラスでは，子どもが活動の内容を十分に理解して参加できるよう，自閉症特有の認知特性に沿った工夫がされていた（日戸，2016）。1つ目に，変化が苦手という特性に沿って，プログラムはいつも同じやり方，同じルールで進められた。2つ目に，視覚的な手がかりへの注目や機械的記憶力のよさという特性を活かして，活動の始めと終わりの合図や手がかりが明確化された。3つ目に，特有の興味の持ち方に沿って，子ども全員が楽しめる活動や「見るもの」遊び（パネルシアターなど）が用意された。4つ目に，かんしゃくやパニックなど，子どもの問題行動を誘発する可能性のある刺激の整理が行われた。療育室内は，不必要な視覚刺激が子どもの視界に入らないように配置され，子どもが写真カードや決まった合図を手がかりに自分で判断して行動できるよう，療育者は必要時のみ指さしや短い声かけ（「いす，すわるよ」など）を心がけた。

また，どんぐりクラスでは，療育中の子どもの自由遊び時間を利用して，担任が親に対して「親子ワーク」を実施した。親子ワークは，親が子どもとの関わりについて“すぐ実践できそうなこと”を自ら考え，家庭や地域の中で無理なく取り組むために開発された，小集団療育とセットで行う親向けの集団プログラムである（日戸，2016）。

年度前半の親子ワークのテーマは,「生活リズムづくり」。1週間のスケジュールを見直し，1日の生活リズムを整えることをねらいとする。Aちゃんの母親は，1週間の生活を書き出してみて，次のことに気づいた。Aちゃんは午睡を必要としたが，1週間の外出スケジュールはバラバラで，午睡は車での移動中に取ることが多かった。また，就寝時間は父親の帰宅時間に合わせて夜中の12時すぎ，起床時間はセンターへの登園日以外は午前10時過ぎになっていた。どんぐりクラスでのAちゃんは，通常より早起きのためか，いつもぼーっとして機嫌が悪く，活動を十分に楽しめていなかった。

母親は，生活リズムを無理のない範囲で見直し,「起床は毎朝8時まで。午睡の時間を，できるだけ一定に」から実践を始めた。1か月後，マイペースにふるまうことの多かったAちゃんに，次の変化がみられた。どんぐりクラスへの登園を楽しみにするようになり，一定の枠組みに沿って大人と一緒に行動する姿勢を急速に学習した。家庭では，着替え，入浴など1日の決まった流れの活動にスムーズに応じ，かんしゃくを起こさず取り組むようになった。外出時も，母親との手つなぎ移動を嫌がらなくなった。

②子どもの行動を予測し，対応を考える習慣を

年度後半の親子ワークのテーマは,「チャレンジ！　共同療育者」。親に，登園時の子どものくつやリュックの片づけを促す役割を任せることで，療育的な視点に立った対応技術の習得を促すことをねらいとする。

この時期，自閉症の3歳児の多くは,「外ぐつを脱ぎ，リュックを片付け，自分の席に座る」という一連の動作を,周囲からの療育的な対応や工夫なしに,自力で遂行することは難しい。子どもは，療育センターの昇降口で何かに注意が逸れると，くつを脱がず駆け込もうとする。親が子どものくつを脱がすと，その場にリュックも放り出して行ってしまう。

どんぐりクラスの母親の多くは，毎回こうした子どもの逸脱を予測せずに昇降口のドアを開け，子どもが逸脱するとあわてて後追いをし，行動を修正していた。そこで担任は,「子どもの行動を予測する」ことの大切さを母親たちに説明した。そして登園時に実践できそうな対応技術を紙芝居で解説し（図2-1・次頁）,ロールプレイを通じてポイントを確認した。毎回の登園時に各々実践し

てみることにし，療育中の自由遊び時間を使って母親同士のふりかえりや意見交換を促した。

Aちゃんの母親は，実践とふりかえりを通じて次のことに気づいた。まず，Aちゃんは昇降口という刺激の多い場所では，通常よりも注意が逸れやすく，目

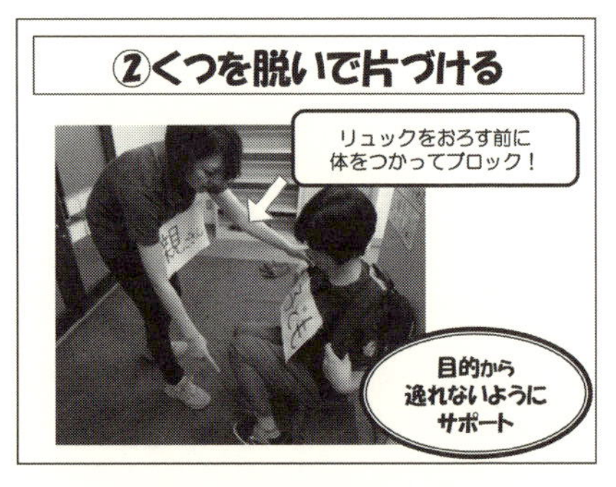

図2-1　紙芝居「チャレンジ！共同療育者」

的を持った行動が取れなくなる。そしてAちゃんが逸脱すると，母親は名前を連呼して止めようとするが，Aちゃんの耳には届いていない。さらに，母親が体を使ってAちゃんの行動を制止しようとすると，Aちゃんは脱力して床に寝転がる。これは，Aちゃんがすべきことがわからず，混乱している表れであった。混乱が大きい場合は，抱っこなど楽しい雰囲気をつくって場面を切り替える工夫を担任から教わり，母親は気持ちが楽になった。

毎回の親子ワークを通じて母親は，子どもの行動を予測し，子どもに合った対応を考えることの大切さを学んだ。「以前は『なんでAは言うことを聞かないのか』と，イライラしていました。親子ワークでAの行動の理由がわかると，自分がAに歩み寄れるようになり，親子の溝が埋まった気がします」。

母親はこれを習慣化し，他の場面でも応用するようになった。プレ幼稚園でくつやカバンの片づけ方を教える際には，他児が登園する前の刺激の少ない時間帯を選んだ。ショッピングセンターでは，Aちゃんの視界におもちゃ売り場が入らないようにルートを工夫した。小児科に行くときは，待合室でAちゃんが不安なく過ごせる物をいくつか用意した。こうして家庭や地域の中に，親子いっしょに心地よく過ごせる場所や時間が，徐々に増えていった。

2 幼児期だからこそ，できる支援とは

（1）幼児期前半に困難さが出現する理由

前節の架空事例は，歩行が安定し，活動や興味が広がり始めた2歳過ぎから，社会性とコミュニケーションの困難が出現し始めた。

自閉症とは，生得的に人より物に定位しやすいなど，脳次元で社会的刺激を解読する学習メカニズムの不全が想定される存在である（内藤，2010）。あるいは，定型発達であればバランスよく発達する，人を介した共感的な学習回路と，枠組みや法則に沿ったシステマチックな学習回路の間に極端な偏りがあり，前者が苦手で後者が得意な存在とも言える（Baron-Cohen，2003；片山，2014）。

幼児期前半，自閉症の子どもは，身近な大人に注目し日常的に行うことを社会的なやり方で身につけることが難しい。また，代替として言葉や記号（絵や

文字）を手がかりに枠組みや法則を学ぶ発達段階にも至っていない。架空事例でも，かんしゃくを繰り返す子に対して母親が約束やごほうびシールを試したが，効果はなかった。自閉症の子どもが絵や文字によるスケジュールや約束を理解して活動できるようになるのは，幼児期後半からであろう（日戸，2015）。

その代わりに，この時期の自閉症の子どもは，環境の中から自分にとってわかりやすい題材に注目し，社会的文脈と関係なくやり方と手順をきっちり決め，自分なりの見通しや安心を得ようとする。環境が整理され，身辺自立などがいつも同じやり方，同じルールで促されていれば，それを身につける。大人が活動の始めと終わりの合図を明確化すれば，指示に応じやすくなる。不必要な視覚刺激が子どもの視界に入らず，大人からの声かけが端的なほど，かんしゃくやパニックを起こすことなく過ごせるのである。

多くの家庭では，このように整理された環境は最初から用意されていない。自閉症の子どもから見れば，生活場面は物がごちゃごちゃと置かれ，大人からの声かけが多く，雑多な刺激に満ち溢れている。加えて架空事例のように，子どもが未就園のうちは1週間の外出スケジュールや生活リズムが安定しない場合も少なくない。このため，大人にとっては予期せぬ事物，たとえば物の置き場所や特定の興味が，自閉症の子どもにとって見通しや安心を得るための手がかりとなっているかもしれない。いわゆる，自閉症のこだわりである。

こうしたこだわりを，社会的なやり方でないからと大人が制止すると，彼らはパニックやかんしゃくで抵抗する。このメカニズムがわからない親にとって，子どもの抵抗はわがままや反抗に感じられよう。さらに厳しく制止する親と，いっそうの抵抗を示す子ども。幼児期前半の親子間のコミュニケーションに，“双方に理解し合えない溝”が深まっていく。

（2）支援の第一歩は，親から子どもへの歩み寄り

この溝を埋めるべく，社会性とコミュニケーションの支援では何をすべきか。

米国の児童精神科医レオ・カナーが最初に自閉症を報告して半世紀以上が経過し，自閉症の人たちに対する支援の領域では，ソーシャルスキルトレーニング，ペアレントトレーニングなど数多くの技法が米国を中心に開発され，わが国でもさかんに紹介されている。しかし，いずれの技法も，使用者のとる立場

によっては，功にも罪にも作用し得ることを肝に銘じたい。

自閉症の人たちが示す「人を介して学ぶことの苦手さ」のみに注目し，これを“障害”と捉える立場では，特性や偏りを少なくすることが最善の支援とされがちである。ともすれば支援技法は，「皆と同じふるまいをさせる」ためや，「親の指示に従わせる」ために用いられ，彼らの負担は増すばかりになる。

一方で，自閉症の人たちの特性や偏りを「人を介して学ぶことは苦手だが，枠組みや法則に沿って学ぶことは得意」と中立的に捉え，特有の“文化”として尊重する立場もある（Mesibov, et al, 2004）。この立場では，定型発達という多数派の文化を，彼らの特性や偏りに沿って“翻訳して”伝えることにより，少数派である自閉症の人たちの自律性や自尊感情，さらには内面発達を尊重することを最善の支援と考える。同じ技法を用いても，たとえば「視覚的手がかりを活用して，その場で皆と楽しく過ごす」ことや，「家庭で心地よく過ごすための工夫を，親が考える」ことが目的になる。

この考え方は，親子間のコミュニケーションの溝を埋めるための支援にも共通する。支援の目的を，自閉症の子どもが親の指示に従えるようになることでなく，子どもの内面発達の尊重と考えるのであれば，溝を埋めるための方法は，親の側が“多数派が少数派に歩み寄る姿勢”を持つことに他ならない。親がわが子の特性や偏りを正しく理解し，生活環境や関わり方を見直すことこそが，家庭で行う社会性とコミュニケーションの支援の第一歩と言えよう。

（3）幼児期だからこそ，親子参加型プログラムを

親が自閉症のわが子に歩み寄ることは，支援者以上に難しい。親は子どもの発達を促す“共同療育者”であると同時に，わが子が少数派であることで悩み，傷つく存在でもある。架空事例の母親も，「なぜ自分の言うことを聞かないのか」と，マイペースにふるまうわが子に苛立ちを感じていた。

しかし架空事例では，母親が生活環境や自身の関わりを見直すことで，家庭や地域の中に，親子いっしょに心地よく過ごせる場所や時間を増やし，親子の溝を埋めることができた。この変化の契機となったのは，自閉症に特化した小集団療育への親子参加と，親が自ら考え実践する「親子ワーク」のセット，すなわち親子参加型プログラムである。

社会性とコミュニケーションは，双方向の関係によって成り立つ。支援においても，子ども単独の訓練や療育（いわゆる“お預かり療育”），専門家による講義やテキストなど一方向的な方法ではうまくいかない。親子参加型プログラムでは，まず子どもの発達段階や認知特性に合った活動や場面，子どもが興味を持って意欲的に参加できる活動や場面を，親が繰り返し体感する。そして，親が子どもの行動を予測して活動や関わりを工夫し，ふりかえりを通じて子どもの興味や意欲を確認する。このような双方向的な構造が必要である。

親子参加型プログラムを学齢期に実施することは，子どもの発達段階からみて容易ではない。幼児期だからこそ効果的であり，重要な支援であろう。

【引用・参考文献】

Baron-Cohen, S. (2003) The Essential Difference.（三宅真砂子（訳）(2005) 共感する女脳，システム化する男脳．NHK 出版）

片山知哉（2014）学齢期・思春期の発達障害の診断の手順．「精神科治療学」編集委員会（編）発達障害ベストプラクティス．星和書店，pp.157-162.

Mesibov, G., Shea, V. & Schopler, E. (2004) The TEACCH Approach to Autism Spectrum Disorder.（服巻智子・服巻　繁（訳）(2007) TEACCH とは何か．エンパワメント研究所．）

内藤美加（2012）自閉症スペクトラム障害の発達精神病理．清水康夫，本田秀夫（編）幼児期の理解と支援．金子書房，pp.13-26.

日戸由刈（2015）ライフステージを通じたこだわりの活用．こころの科学 183；59-64，日本評論社.

日戸由刈（2016）早期療育のエッセンス．本田秀夫（編）ハンディシリーズ発達障害支援・特別支援教育ナビ．（発達障害の早期発見・早期療育・親支援）金子書房，pp.50-60.

Whitham, C. (1991) Win the Whining War & Other Skirmishes.（上林靖子・中田洋二郎・藤井和子・井潤知美・北　道子（訳）(2002) 読んで学べる ADHD のペアレントトレーニング．明石書店．）

謝辞

執筆にあたり，ともに「親子ワーク」を開発した「どんぐりクラス」スタッフの小泉智世さん，田中里実さん，中村　明さん，梶縄絵理子さん，小林千嘉子さん，そしてクラスのお子さんと保護者に，心から感謝いたします。

第3章

通常学級で行う社会性とコミュニケーションの支援

阿部利彦

1 「社会性を育てる」ことの必要性

私はこれまで,「特別でない特別支援教育」を目指して，現場の先生方と一緒に支援のデザインを考えてきた。その中で，学びにつまずきがある子を支える教育の実現とは，より多くの子どもたちが「できた」「わかった」と実感し，ワクワクしながら楽しく学べるような場を作ることだ，と考えるようになった。

そしてそのためには，クラスの人的環境を整えることが何より大切だという実感を持っている。子どもたちの心にアプローチしてクラスの雰囲気をやわらかくし，学び合うための環境や関係作りをしていくのである。誰かの間違いをからかったり，失敗を笑ったり，といった場面をなくし，誰もが「わからない」ことに正直になれる場を作ること。近年,「通常学級における教育のユニバーサルデザイン」についての研究や実践が盛んに行われるようになってきているが,この取り組みは「人的環境のユニバーサルデザイン化」であると言えよう。

その人的環境を整えるために，私は，実施に工夫がなされたソーシャルスキルトレーニング（以下SST）が重要な役割を果たすと考えている。

いまや社会性を育てるということは，特定の子どもだけにあてはまることではない。個別支援の発想では，発達障害のある子のソーシャルスキルを高めることだけを考えることも多いが，実際に通常学級のクラス全体を見渡してみると，SSTが必要なのは決してその子だけではないのである。「うざい」「死ね」などの言葉が飛び交うクラス，ざわざわした雰囲気の荒れたクラスでは，年齢相応のソーシャルスキルが身についていない子どもが多く見受けられる。

また,通級でのトレーニングによって「ありがとう」「手伝って」と言えるようになり，そのスキルを在籍クラスで使ったところ,「なにお前かっこつけてんだよ」「真面目ぶっちゃって」といった反応をされ，その子がかえってクラスで浮いてしまったというケースもある。通級など特別な場でSSTが行われる場合でも，そこで習得したことを般化させるためには，在籍クラス自体がソーシャルスキル的な場でなくてはならないというのが必須条件なのだ。

2 SSTの限界

今やSSTのニーズは非常に高まり，相談機関や療育機関などで盛んに行われている。特別支援学校や通級指導教室といった学校現場にも取り入れられ，その必要性・有効性は十分認められているわけだが，それではSSTをただ実施しさえすれば子どもに社会性や対人関係能力が身につくのだろうか。

SSTの実施後，子どもたちに感想を書いてもらうことがある。「これからはあいさつしたいと思いました」「がんばって友だちと仲よくしたいと思います」などの感想を書く子が多いのだが，中には「これでオレの何を試してるんだ」「スキルのことはわかったけど，本当にやってみる気はさらさらない」といった本音のようなものを吐き出す子たちも見られる。トレーニングには参加したものの，内心，ソーシャルスキルを学ぶこと，あるいは学んだスキルに対して懐疑的・否定的な子どもがいるのである。

あるいは，先ほども触れたように，自閉傾向の子などは通級でSSTの指導を受けても，それを般化させて家庭や教室で応用できないことがある。さらに，ADHDのある子で言えば，こうしましょう，などとお仕着せの指導のようなことをされると，あえて逆らいたくなる性質を持っているので，「そんなことわかってらぁ，でもオレはやんないよ」という態度になりがちである。

それらの子どもたちは，学んだソーシャルスキルを実際の対人関係で活用することが少ない。せっかくのトレーニングが活かされないわけだ。小集団でSSTを行ったときに，理解の温度差と実効性の温度差というようなものが出てくることをどう捉えるべきかについても検討が必要であろう。

こうしてみると，SSTの問題は，ずばりその時間が「楽しくない」ことではないか，と思われる。常識を教え込まれたり，自分たちがうまく対処できない場面を想定して考えさせられたり，それらが大人の都合で展開するので子どもにとってはつまらないわけだ。子どもたちがスキルを楽しく身につけられるようにSSTを工夫することが，もっとも重要なのではないだろうか。

これからは，クラス全体の社会性を高めるために，学校をあげての取り組みが求められるだろう。SSTを楽しみながら学べるような教材の必要性を感じ，U-SST（日本標準）という教材の開発にも関わった。道徳の時間などにクラスワイドなSSTを行うことを目的とした，単元に合わせて指導できるワークシートからなっている。ここでは，「育成したいソーシャルスキル」として，以下の6つを挙げている。

①あいさつに関するスキル
②自己認知スキル
③相互理解のための言葉・表現スキル
④相互理解やセルフコントロールのための気持ち認知スキル
⑤セルフマネジメントスキル
⑥コミュニケーションスキル

『U-SST ソーシャルスキルワーク』（日本標準）より

また，SSTには，それが根付くための土台が必要であることも忘れてはならない。その土台とは，人への信頼感である。基本的な人への信頼感がどのぐらい養われているかを見定め，もし足りなければ，それをある程度補ってからSSTを行うべきではないだろうか。

したがって，学級でも，まず子どもたちの先生に対する信頼感や，皆と一緒に何かをやることの面白さや達成感，努力すれば認められるんだという思いなどを育てた上で，SSTを実施すべきだろう。そのようにSSTを実施したならば，クラスの子どもたちの「心を耕す」こともできるのではないか，と私は考えている。

3 SSTが般化しにくい子とは

前述のように，SSTが般化しにくい子はクラスに必ずいるものだ。では，その子たちに共通する課題とはどのようなものだろうか。

第一に，SST自体について，何を目的としているのかがその子に理解できていない場合が考えられる。

第二には，SSTの有用性については理解していても，でもわざとらしいとか，恥ずかしいとか，そんな抵抗感を持っている場合がある。

第三には，頭でわかってはいるが，いざとなるとそれを行動に結びつけることがなかなかできない，というような場合も考えられる。

第一の，課題が理解できない子については，課題のスモールステップ化が重要になる。その子がうまくやれなかったとしても，どこまでできたのかを見てあげて，ここまではやれたね，と認めることが大切だ。そして，次の目標をスモールステップで設定していく。

第二の，有用性はわかっていてもやろうとしない子については「なぜなんだろう」とこちらが考える必要がある。おそらく，その子たちは何か違和感を感じている。この子の違和感は何から来ているのだろうか，と先生方には考えてみていただきたい。

例えば，その子に他人に改まってあいさつしたりお礼に行ったりする習慣そのものがない場合は，慣れないことをすることになる。そうすべきとは知っているけれど，その一歩を踏み出すことに抵抗感を感じているのかもしれない。つまり，その子の家庭が，「ありがとう」や「ごめんね」といった言葉を気軽に適切に言い合える家庭でない可能性があるのだ。社会性が自然に育つような家庭というのは，現代ではもしかしたら希少なのかもしれないという認識も必要だろう。

第三のタイプは，例えばソーシャルキューをつかめない子という可能性もあるだろう。コミュニケーション場面で自然にとらえられる合図，視線や表情，身体の動きなどのキューをキャッチできないために，スキルをどのタイミングで使えばいいかわからない子だ。

あるいは，スキルを使う前に衝動が優先してしまうタイプの子。「これ貸して」と言うべき場面で，その言葉を口に出すより先に相手の物を衝動的に取ってしまう，など行動の調整が苦手な子はスキルを使う前に衝動的に不適切な行動を取ってしまう。

その他には，スキルを使うことをあきらめているタイプもいるだろう。最初からうまくいかないと思い込んでいる子もいるし，過去の苦い経験からあきらめてしまった子もいる。あいさつしてもどうせ無視される，「貸して」「手伝って」と言ってもいつも相手に拒否される，などと感じている子はたとえスキルを獲得していても使おうとはしないのである。

4 他者視点取得・共感的理解・自己肯定感

このように，スキル指導というのは，トレーニング時間内にスキルを獲得させてそれで終了，というわけにはいかない。日常生活で実際に使われなければ意味がないのだ。

獲得したスキルをうまく使いこなすためには,「他者視点取得」と「共感的理解」，そして「自己肯定感」の3つがポイントだと考えている。

もちろん人への共感というものは，自分が人から共感された体験がないと生まれてこないだろう。したがって，教師の側から子どもたちに対してどれだけ共感的に言葉を返せるかが肝要となる。先生が，Aさんの気持ちになって考えてみたらこうだと思うよ，などの言葉を日常で使っていれば，子どもたちの中にその言葉遣いを真似する子が必ず出てくる。

そしてそれを，Bさんがこういう風にAさんのことを考えながら言ったことは，すごくよかったなあと先生は思うよ，という風にさりげなく返してあげる。つまり，クラスの中に他者視点や共感の芽生えが出てきたとき，それを確実に拾ってフィードバックすることが大切なのだ。そのやり取りの中で，子どもたちは相手の立場になるということをだんだん身につけていく。一気に何かが育つというより，まずは先生の共感性と他者視点が問われるということである。

また，自己肯定感についてであるが，どうせ自分がやってもうまくいかないだろうという予測をもっていると，学んだことを使わなくなる。自分についてプラスのイメージを持てないと，SSTのスキルは使えないのである。

5 日々の授業の中で育てるSST

冒頭でも述べたように，お互いの間違いや失敗も認め合える学びの場を作っていくには，子どもたちのソーシャルスキルを育てる必要がある。

しかし，SSTのための時間確保がどうしても必要というわけではない。実は，配慮されたわかりやすい授業をよく観察してみると，SST的な要素が随所に盛り込まれていることに気づかされる。日々の授業の中で，SSTがごく自然に行われているのである。

例えば，ある先生は，答えを無理に一つにまとめるのではなく，子どもたちのいろんな意見，多様性を認め，他の子の考え方も聞きたくなるよう授業中働きかけている。また，ある子が意見を発表している途中で一旦中断してもらい，さあこの後Aさんはなんて言いたかったでしょうか？と問いかけ，皆にその子の考えを類推させたりもする。

これらは，ポジティブなSSTであると言えるだろう。同年代の子とのトラブルの中で「相手の気持ちを考えなさい」と言われるネガティブな場合と違って，設問や課題を通じて客観的に友達の意見を聞くシチュエーションの方が気持ち的には余裕があるため，他者の考え方や視点により近付きやすくなるのだ。

授業中，人の話をしっかり聞いたり，相手の意見を聞いてそれに自分の意見を付け足したり，あるいは誰かが失敗したときに助けてあげたり，前向きになれるような声掛けをしてあげることもまたソーシャルスキルと考えることができる。

また，SSTが般化しにくい子の場合などは，獲得したスキルを教室で発揮するために周りがうまく引き出してあげる必要がある。そういう意味でも，クラス自体が自然に社会性を身につけられる環境であることが望ましい。

日本の教育というものはただ知育だけを行うのではない，これがとても大事な点だと私は考えている。勉強がわかればそれでいいのではなく，むしろ知育を通じて，その子の心を温めたり，元気づけたり，そういう心のエネルギーを与えると同時に，子どもの社会性を育てるということが暗黙に心がけられている教育なのだ。

たとえば，日本の先生というのは，指名した子どもが正答を言えても，その答え方がぞんざいだったり，友だちをバカにするような言い方だったりしたら，注意したり，言い直させたりする。適切な声の大きさ，姿勢や視線の方向にも配慮するし，言葉遣いもパブリックな言葉にするよう指導している。

また，不規則発言も先生方は許さない。人が発言しているときに言葉を挟むのは失礼なことだと教える。そして人の意見を聞いてから答えさせたり，順番を守らせたり，いろんな場面で社会性を育んでくれている。

授業やその他の学級活動，様々な場面でそういう社会性が育まれている。学校は，公的な場面でのふるまいを教わることができる場でもあるのだ。

ある先生は，ラーニングコミュニティとしてのクラスを構築していて，友だちの意見を聞いて自分の理解が進んだとか，Aさんが間違えてくれたからそこから広がったという展開を作り出す。皆のおかげで今日のこの学習がわかりやすくなった，と子どもたちに感じさせ，助け合って今日の課題を乗り越えた，とすることで，互いの意見の多様性を認め合えるようにしているのである。そして，相手の意見に耳を傾けたり，協力し合ったりする場面を設定して，問題解決をさせていく。

さらには，それだけに留まらず，授業の最後の着地点で，今日勉強したのはこうだったけど，じゃあもしこういう条件だったらこの問題はどうなるんだろうね，と投げかけ，「それはみんなで考えてみてね」と言って終わる。すると，学びが閉じていないので，授業後も「あのさ，先生が言ってた，他の条件のときの答えなんだけど……」などと友だち同士で休み時間に話し合ったりできる。そうやって，クラスの結束力というか，話し合ったり協調したりする力を育てている先生もいるのである。

体育の授業においては，ルールや勝ち負けをめぐって子どもたちが責め合うような場面も見られる。そんなとき，謝ったり，許し合ったり，譲り合ったりできるようにさせる指導も体育の中で重要な要素であると考える。また，エールを送る，アドバイスする，などの行動も，ソーシャルスキルと関連している。

では，体育の場面ではどのようにSSTを導入できるのか？　一例を挙げると，サーキット運動で準備体操をする場面で「ペア」活動を使うことができる。一人が行うのをもう一人が見ていて「今とぶよ！」といったタイミングの声かけや，「もうちょっと！　がんばれ！」という応援をするのである。そうすると運動が苦手な子どもも，ポイントを意識でき，がんばることができる。

ペア活動だと，「馬飛び」「またくぐり」といった相手に少し触れる運動も自然に取り入れることが可能となるし，距離感や感覚の苦手さにもアプローチできるという利点もある。

6 身につけさせたいのは「援助要請スキル」

さて，最後に強調したい。子どもに身につけてほしいソーシャルスキルとしては，いろいろあると思うが，私が思う究極のソーシャルスキルとは，「援助要請スキル」である。「人に助けを求めること」，これは障害のあるなしに関わらず，また子ども・大人の区別なく，生きる上でとても重要なことだと思うからだ。自分一人では解決できない問題に直面することは，誰しもある。そんなとき，ひとりで抱え込み，誰にも助けを求めることができなかったとしたら，追い詰められてしまい，生きることさえも困難になりかねない。

よく不登校やいじめの問題で，あの子に何かしてやっても，ありがとうの一言も言わないなどという話が出てくることがあるが，それは，その子が援助要請スキルを持たないがゆえに余計な問題を発生させてしまうからなのである。

しかしながら，このスキルを成人後に身につけるのはなかなか難しい。人に援助を求めるのは勇気がいることだからだ。だからこそ，できるだけ早期に，このスキルを自然に使えるように習得させる必要がある。

援助要請スキルを育てるやり方としては，我々の側からその子に援助を求めてみる，という方法を薦めたい。特に人に援助を求めるのが苦手なタイプの子の場合は，「これ手伝ってくれる？」という感じで，こちらから援助を頼むのが有効だ。子どもたちとの関わりが優れた先生というのは，自信なさげな子によくお手伝いを依頼しているものだ。

これには二つの意味がある。一つは，援助要請スキルを求めるスキルの提供，もう一つは，自分は人の役に立てる存在なのだと思ってもらう機会を作ること，つまり自己肯定感の形成にも役立つというわけである。

また，援助を頼むときの言葉をロールプレイで練習させるという方法も効果的だろう。「ごめんね」と言えること，上手に頼めること，何かしてもらったらすかさず「ありがとう」と言えることなども，援助要請スキルの一種なのだ。

その際，自分は人の手を借りなければ何もできないんだ，と思ってしまうと自分を否定することになる。よって，自己肯定感を育てることと並行させながら，人に援助を求めるスキルを学ばせることが必要となる。

社会性を身につけることで，人間は支え合って生きるものなのだ，人と人との関わりはいいものだ，と子どもたちが実感してくれたなら，そのクラスは「共に育ちあい，学びあえる場」となってくれることだろう。

【引用・参考文献】

阿部利彦（監修），清水　由，川上康則，小島哲夫（編著）．（2015）気になる子の体育 つまずき解決BOOK―授業で生かせる実例52．学研教育みらい．

NPO星槎教育研究所（編著）．（2009）クラスで育てるソーシャルスキル．日本標準．

第4章

ICTを活用した社会性とコミュニケーションの支援

坂井　聡

1 はじめに

文部科学省は，2011年4月に「教育の情報化ビジョン」を公表した。「教育の情報化ビジョン」は，情報通信技術を最大限に活用した21世紀にふさわしい学びと学校が求められることを受けて，初等中等教育段階の情報化に関する総合的な推進方策について検討した結果をまとめたものである。そのなかで特別支援教育については，第1章の第2項「教育の情報化が果たす役割」において以下のように記述がなされている。

「特別支援学校や小学校・中学校の特別支援学級に在籍したり，通級による指導を受けたりする子どものほか，通常学級に在籍する発達障害のある子ども等，特別な支援を必要とする子どもたちにとって，情報通信技術は，障害の状態や特性等に応じて活用することにより，各教科や自立活動等の指導において，その効果を高めることができる点で極めて有用である。特に情報の収集・編集・表現・発信等コミュニケーション手段としての活用が期待される。」

このように，特別な支援を必要とする子どもの発達や気質の特性等に応じて情報通信技術を活用することが，学習効果を高める点で極めて有用だとされているのである。ここで忘れてはならないのは，障害のある子どもの障害そのものを情報通信技術で克服・改善するということではなく，その発達や気質の特性による学習上，生活上の困難を情報通信技術の活用により克服・改善するという視点である。このように情報通信技術に大きな期待が寄せられている背景には，情報通信技術の存在が身近なものとして生活の中に浸透してきていることが挙げられる。では，どのくらい身近になってきているのであろうか？

2 身近な存在のICT

情報通信技術は，一般的にはICTと表記される。情報通信技術を意味する“Information and Communications Technology”の大文字の部分だけを取り出して表記したものである。

ICTと聞くと，多くの人はインターネットを思い浮かべるのではないかと思う。総務省が公表した平成26年度版情報通信白書には，インターネットの普及率は82.8%と示されている。それを年代別に見てみると，6～12歳では73.3%，13～19歳では97.9%，20～29歳では98.5%となっている。これらの数値からわかることは，学校で学ぶ世代の多くがインターネットを利用しているという事実である。また，ICTの代表格である情報通信機器の普及状況を見てみると，携帯電話が94.8%，パソコン（PC）が81.7%となっている。携帯電話のなかでもスマートフォンは，62.6%となっており，前年度に比べると13.1ポイント大幅に増加している。この数値は，急速に普及が進んでいるということを示している。このように情報通信機器は発達障害のある子どもたちにとっても身近な道具として，生活の中に浸透してきているということがいえるのである。そして，使いやすさなどは進化していくことが考えられるので，今後もますます生活の場に普及していくことが予想されるのである。

3 どのような特徴があるのか

では，発達障害のある子どもの発達や気質の特性に起因する学習上，生活上の困難を克服・改善するためにICTをどのように活用していけばよいのであろうか。ここでは，情報通信技術の代表格であるタブレットPCなどの携帯型情報端末を例に，その特徴から考えてみたい。特徴から見えてくるのは，発達障害のある子どもが，場合によっては苦手としていることを解決可能にするアイデアである。

携帯型情報端末の特徴として，まず挙げられるのは，携帯できる大きさの中に，様々な機能がコンパクトに凝縮されていることである。様々な場面で活用できるツールがコンパクトにまとめられている。これ一つ持っていれば，生活の様々な場面で活用できるということである。

二点目は，場所を選ばないということである。様々な生活シーンで使用可能となっているのである。

三点目は，コミュニケーションツールとして進化してきている点である。電子メールやソーシャルネットワーク等，場所や時間などの制約を受けずに視覚的な情報を使ってやり取りできるようになっているのである。また，文字で示された情報を音声で読み上げたり，音声で話した言葉を文字にしたりする機能が備わっており，音声によるコミュニケーションを苦手としている人や，文字入力が困難な人にとっても有効な機能である。

四点目は，その操作性の簡便さである。直感的な感覚で操作して使用できるように工夫されているからである。文字を読むことができなくても，その操作方法を身につけやすいということなのである。

4 ICT機器を支援にどう活用するか

このような特徴のある携帯型情報端末の活用が，発達障害のある人の社会性やコミュニケーション等の支援にどのように役立つのだろうか。表4-1（次頁）は発達障害のある子どもが，社会性やコミュニケーション能力が問われる場面で，発達や気質の特性に起因して，場合によっては困難に感じているのではないか思われることと，そのときの解決策として提案できるICT機器の機能を対応させたものである。このなかのいくつかについて説明しながらICT機器活用の可能性について考えてみたい。

（1）音声でのコミュニケーションがうまくできない場合・その①

コミュニケーションがうまく取れないことで，社会参加が制限されている子どもがいる。例えば，家では話すことができるが，外では話すことができない場面緘黙のある子どもが，学校等で先生やクラスメイトとやり取りができないといった場合である。ここで提案できるのは，話をするときに，音声読み上げ機能を使う方法である。つづられた文字を認識し，それを音声にして表出することができるので，周囲の人にわかるように自分の意思を表出することができ

表4-1 困っていることと対応する機能

困っていること	対応する機能
音声でコミュニケーションすること	音声読み上げ機能，筆談用アプリ， 電子メール
覚えること	カメラ機能，スライド機能
自分の行動を振り返ること	カメラ機能
連絡事項を記録すること	音声メモ，カメラ機能
プリントなどを紛失すること	カメラ機能
予定を覚えておくこと	カレンダー機能
買い物等でお金を計算して出すこと	お財布携帯機能，電子マネー
目的地までスムーズに移動すること	GPSとマップの機能
残り時間を理解すること	タイマー機能

るようになる。表出させる音声も様々に変えることができるため，その子どもが自分で声色を選択し，話しやすくすることが可能である。また，タブレットPC等から出る音声にも抵抗がある場合は，筆談用のアプリ等の活用が考えられる。デジタルペンを使って画面に文字を書き，筆談でやりとりする。家で話ができるのだから，学校でも話せないのは甘えているからだなどと誤った考えをもって，声を出させるように練習するのではない。大切なことは，音声以外の方法でよいからやり取りが成立する経験を積むことなのである。

(2) 音声でのコミュニケーションがうまくできない場合・その②

発達障害による発達や気質の特性が原因で，その場で自分の意見や考えを伝えることができなかったり，悩みを相談することができなかったりする子どもがいる。このような子どもとのやり取りするうえで提案できるのが電子メール等の活用である。また，ソーシャルネットワークも使うことができるだろう。

以下に示しているのは，私のところに送られてきた発達障害のある子どもからの相談のメールである。

こんばんは，○○です。最近，学校に行きたくありません。友だちの視線が気になったり，僕がクラスにいてもいいのかと思います。モヤモヤしてます。死にたいです。つらいです。中学に行くまえにリラックスしたいです。何もかもいやです。明日学校に行く勇気もないけど，いかないかんと思います。でも昼まで頑張っていくつもりです。学校はいややけど大学には行きたいです。苦しくて死んでしまいたいです。坂井先生と話がすんだら，大学のお兄さんとキャッチボールをしたいです。いいですか？

両親も子どものことを理解している。担任は理解のあるとても熱心な人である。しかし，子どもがこのように悩んでいるとは，気づいていなかった。成績も優秀で，先生からの依頼は断ることがない。優等生タイプであった。しかし，本人は自分が周囲に受け入れられていないのではないかと感じ始めている。それを，両親や担任に伝えることができなかったのである。

相談を受けた際に，どうしてこれまで伝えなかったのかを尋ねたところ，「言葉にするとうまく伝えられないと思う」ということだった。メールの場合は，何度も読み直し，送信するまでに，自分が言いたいことが書かれているかどうか，確認することができるので安心して伝えることができるが，音声の場合は，発した言葉が自分の言いたかったことなのかどうか気になってしまうために，うまく話せないということだった。このときにも，ホワイトボードを使って視覚的に整理しながら聞き取りをした。視覚的な情報を使ってやり取りすることで，自分の思いを表出できる子どもがいるということである。電子メールの機能はそういった子どもたちにとって非常に有効なのである。

幸いにもこの子どもは，保護者と担任がうまく連携でき，クラスの子どもたちにも状況を伝えることができたので，その後，卒業することができた。電子メールが役に立った例である。もちろん，メールやソーシャルネットワークを使う場合には，どのように使用しているのか保護者が把握するなど，トラブルに巻き込まれないための対策をとる必要があることは忘れてはならない。

(3) 何をしなければならないのか覚えておけない場合

制服等に着替える際に，着替えの順番がわからなくなってしまったり，身だしなみを整えたりすることができない場合である。このようなときに提案できるのは，写真等を使ったスライドショーの機能である。するべきことをスライドで順番に示すようにしておき，手順をスライドで確認しながら，一人で着替えができるように指導する。買い物の手順や掃除の手順等を教える際にも使うことができる。動画で撮っておけば，それをモデルにし，より細かいところも確認しながら手順を身に着けることができるようになるだろう。注意しなければならない点も，わかりやすく伝えることができはずである。

また，TODOのアプリ等のチェックリストの活用も考えられる。手順が遂行できたかどうかを確認するために，チェックを入れて教えていくのである。チェックリストなどの機能を自分で意識して活用できるようになると，忘れることは少なくなるはずである。

(4) 同じことを繰り返してトラブルになる場合（振り返りが困難な場合）

他の人と関わるときに同じ失敗を繰り返して，何度も同じトラブルを繰り返してしまうような場合である。指導する側は言葉で何度も繰り返して言ったり，場合によっては文字に示したりして指導する場合が多い。言葉も聞いているし，文字も読んでいるのだが，同じトラブルを繰り返してしまうことがある。自分の行動を振り返ることができないことや，自分がどのように見られているのかがわからないことが原因であることが多い。このような場合には，動画等の利用が提案できる。適切な行動ができるように場面を設定し，動画等で撮影しておき，適切な行動ができている様子を繰り返して見せて指導するのである。自分が適切に行動できている姿を見ることで，適切な行動を知ると同時にその行動に自信を持つこともできるはずである。

動画を使って指導する際にしてはならないのは，失敗している場面を動画で撮影して，それを見せて行動の振り返りを促すという方法である。誰でも失敗の場面は見せられたくない。子どもも教師もそのような指導は楽しくないであろう。どのようにしたらよかったのかということを肯定的に示すほうが効果的であることを忘れてはならない。

また，周囲の人がどのように思っているのかがわからないために，同じトラブルを繰り返してしまう場合もある。このようなときには，感情表現を支援するアプリ等が活用できる。見えない感情を表情や数値で視覚化して感情を考えることができるようにするのである。日常の生活の様々な場面で，その場で示し，周囲の人がどのように感じているのかがわかるようになれば，行動を修正することができるようになる子どももいるはずである。

自分がどのように行動すればよいのか，どのように伝えればよいのか，周囲の人はどのように思っているのかがわからないために，繰り返し同じトラブルを起こしてしまうのである。指導の際に使われる言葉や文字だけではイメージできないために，同じことを繰り返し，トラブルになってしまうこともある。どのようにすればよいのか，どのように相手が感じたのかということをイメージできるように視覚化して指導するのが効果的なのである。

（5）連絡事項を書き写すことができない場合

連絡事項など重要な情報を書き写して記録することができないような場合である。どこを書けばよいのかわからなかったり，記録する場所はわかっていても，書字が困難であったりすることが原因であると考えられる。このようなときに提案できるのが，カメラ機能の活用である。連絡事項をカメラで撮っておけば記録できる。学校での連絡事項等の記録に活用することができるのではないかと思う。その際，子どもが自分で撮るのが一番よいが，それが無理な場合は，教師が撮っておき必要に応じてデータを送るか，プリントアウトして渡せばよい。連絡事項を文字で記録できるようにと考えて，繰り返し訓練を続けても，記録できるようにはならないこともある。そのような場合には，代替手段を考える方がよいのである。

音声で伝えられたことを文字情報にして記録することが苦手な場合もある。書字速度が遅いことが原因の場合もあれば，どこが大切なのかわからないことが原因の場合もあるだろう。このようなときは，音声録音機能が提案できる。音声データで記録しておき，あとで再生し，重要事項を確認するようにするのである。繰り返し何度でも聞いて確認することもできる。

これらの方法を考えるとき，子どものスキルがどれだけ実用的なのかを評価することも大切である。書かれている連絡事項を記録したり，音声で伝えられたことを文字情報に直して記録したりするスキルが，実用的かどうかを評価するということである。実用的に機能していないのなら，別の手段を考える方がその子のためになるであろう。

5 おわりに

発達障害のある子どもが，その発達や気質の特性により，学校や家庭で困っている可能性があることと，ICT機器の機能で解決できそうなことを示してきた。ここに示した以外にも，予定を確認するためのカレンダー，校外学習の際のマップ，買い物の際の電子マネー，時間を視覚化するタイマーなど様々な場面でのICT機器の活用が考えられるであろう。学校でも合理的配慮の提供が義務となった。それは，障害を社会モデルとして捉えるということである。ICT機器の活用で苦手な部分を解決できるのであれば，ICT機器で代替するという発想も求められてくるのである。ICT機器を発達障害のある子どもの発達や気質の特性に起因する学習上，生活上の困難解決のために使わない手はない。それらの活用を認めないならば，教育現場が社会的障壁，すなわち障害を作っていると言われても仕方がない。そうであってはならない。発達障害のある子どもが，ICT機器を活用して課題解決し自己実現できるように，応援していくことも教育に求められているのである。

【引用・参考文献】

総務省（2014）平成26年度版情報通信白書.
文部科学省（2011）教育の情報化ビジョン：21世紀にふさわしい学びと学校の創造を目指して.
坂井　聡（2013）自閉症スペクトラムなどの発達障害がある人とのコミュニケーションのための10のコツ．エンパワメント研究所.

第5章

社会性・コミュニケーションの発達と自己理解

田中真理

1 ひとを理解することと自分を理解すること

自分について考えを深めることは，ひととのやりとりの積み重ねなしには形成されない。自分が自分のことを知っているその深さでしか，ひとについての理解も深まらない。その逆もまた然りである。このように自己理解と他者理解が表裏一体であることは，通常多くのひとが経験していることであろう。自己理解を深めることは，自分の特徴や気持ちを理解し自分の考えや気持ちの表現を工夫することに，また，他者理解を深めることは，他の人に関心を向け，相手の言動から気持ちや状態を理解し関わり方を考えることにつながる。そうして，他者との円滑なコミュニケーションが可能となり，他者との関係を保ちやすくなっていく。一方で，発達障害児は，ひととの相互調整や相互交渉に関する苦手さがあり，自分についての理解を深め，自己を確立することに難しさを感じていることは，自叙伝においても述べられているとおりである（例えば，森口, 2002; Williams, 1993）。また，言語調整の難しさのみではなく，対人関係の暗黙のルールが理解できない，注意持続や行動抑制が難しい，周囲とは違う過敏さを持っているなど，様々な形で障害特有の困難を示すため，子どもが周囲との関係調整をうまく行えないことも多い。

このような状態像をふまえたとき，コミュニケーション関係を促すために，自己理解・他者理解を深める支援としてどのような具体的な観点が考えられるだろうか。自己理解を深めるためには，①自分の特性について考える，②自分が他者からどのように見られているか考える，③自分の意図をことばで表現する，④自分の意図をからだで表現する等の観点が含まれていること，また，他者理解を深めるためには，⑤他者の気持ちや考えを推測する，⑥他者の特性について考える，⑦他者同士の共通点・差異点について考える，⑧他者のことばを注意して聞く，⑨他者の動きや表情に注目する等の観点があげられる。そして，自己と他者との社会的関係を深める活動の観点としては，⑩自分と他者の共通点・差異点について考える，⑪役割を通して他者と協力する，⑫他者の動きに応じて自分の動きを調節する，⑬他者との身体的な一体感を体験する等が挙げられる。このような支援によって，他者の行為や動作を見つつ，その時に自分が感じた事や考えたことを他者の態度と照らし合わせながら表現し，相手との関わりを維持できるようになる対人関係能力の発達が期待できる。

2 自己理解・他者理解を深めるグループワーク

上述したような観点から自己-他者関係を促すためにグループワークは有効な場のひとつであろう。なぜなら，集団の場で出会う複数の多様な他メンバーの存在は，自己に対する客観的な眼となり，そのまなざしが自己の内面に対する自己観察を促し自己理解を深めるからである。また，集団のメンバーに受け入れられた感覚は，同時に“こういう自分でいいのだ”という自己肯定感や自分自身を愛する感覚につながっていくことが期待できるところも，グループの有効性のひとつである。グループとしての集団意識が形成され凝集性が高まっていくのに伴い，“自分もこのグループの一員である”という安心感に包まれてこそ自由な自己表現も促される。そうして，そこで表現された自分のありように対して，自分自身でも新たな自己の側面に気づくことも起こってくる。

発達障害の特性から生じる困り感を持ち，同じニーズのある同年代の他者と体験や思いを分かち合うことは，自己と他者との共通点を通し，他者に自己を投影させること，つまり自己の「対象化」を促す。さらに集団には自己を投影する他者が複数存在し，対象化した自己の「相対化」を可能にする。このように自己を対象化したり相対化したりすることを通して，他者との共通性や差異性を整理し，複数の側面で自分をとらえる多面的な自己理解が促される。以上を図式化したものが，図5-1（次頁）である。

発達障害児は否定的に自分の特性をとらえる傾向が強いこと，それは他者との相互関係において自己をとらえる際に顕著であることが示されている（滝吉，

2011; Begeer et al, 2008）。多面的な自己理解は，自分を否定的な評価だけではなく肯定的にもとらえ両価的な自己理解を深めることを可能にする。自分の特性について多面的に理解しようとする志向性の育ちは，同時に他者の特性を多面的にとらえ受けとめていこうとする態度にもつながり，お互いの意図を調整しやりとりをうまく構造化する相互調整的行動，規範的な意識の確立，集団行動を可能にする役割の形成などに関するコミュニケーション能力を育んでいくことが期待される。

3 自己・他者理解とコミュニケーション支援の実践

上述してきた観点からの自己・他者理解とコミュニケーション支援の実践例として，本稿では，他者への関心・志向を高める活動，他者の意図推測・内面

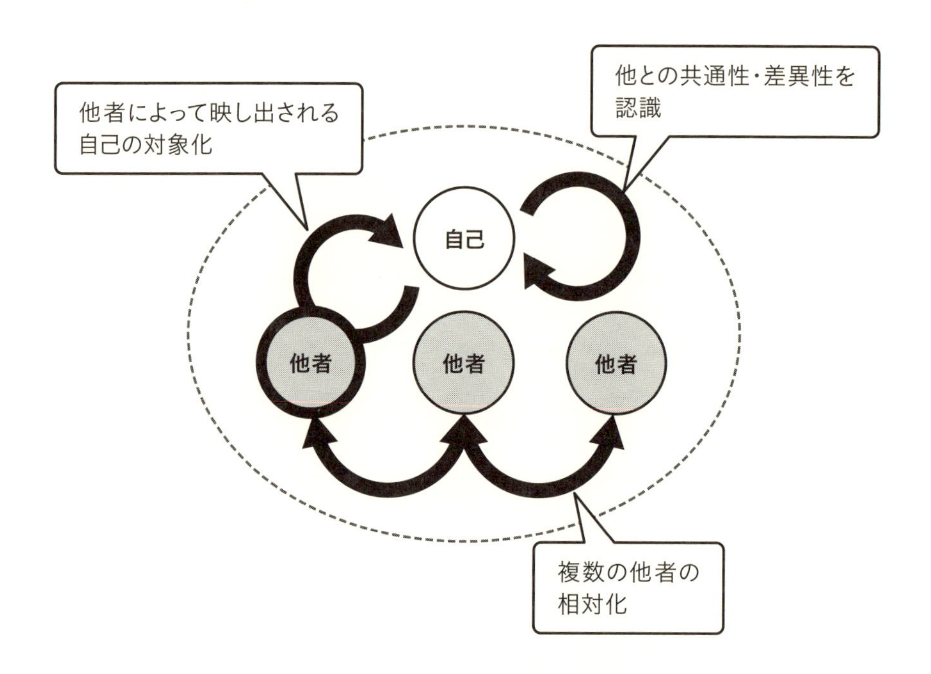

図5-1　自己理解・他者理解を深めるグループワーク（滝吉・田中（2009）を改変）

的理解への関心・志向を高める活動，をとりあげていくこととする。表5-1（次頁）には，支援活動の具体例を，前述の①～⑬の観点との関連性とともに示している。

（1）他者への関心・志向を高める活動

まずは，自分の特性を考えるために自分を対象化すること自体の難しさや，他者に対する興味関心の希薄さがらみられる場合に対する支援が中心となる活動である。この活動では，他者に注意を向けることや他者と関わろうとする志向性を促すなど他者性の意識化が支援の中心的ねらいとなってくる。

そのための支援例として，身体レベルの共同性を求めた活動が考えられる。これは言語を媒介にしたやりとりでは，他者性を認識するような状況を構造化することが難しい場合により有効である。この活動では，他者の動きを視野に入れながら相手の動きに自分の動きを合わせることが求められるような共同性を，活動の文脈（多くはゲーム化された遊び）として埋め込んだ構造化を設定する(KOBAYASHIKEN; 2010, 滝吉・和田・横田・田中；2007)。“トイレットペーパーデリバリ”では，お互いの動きを見ながらひとと同じテンポで動きを合わせながら自分も動かないとトイレットペーパーがすぐに切れてしまうため，他者の動きのモニター，および他者とのなかで自分の動きをモニターし調整することが求められる。その他，紐で結ばれ動きの協調性が強制的に求められる最も構造化の程度の高い設定によって，結果として他者の動きにあわせざるを得ない状況を作りだしたり（二人三脚），ボールが落ちないようにするためには，他者の力の入れ方をふまえて自分の押し合う力を調整したり，動きのスピードを他者と合わせながら移動していることなど（ボール運びゲーム），これらの活動では他者に開かれた身体性レベルでの他者意識が求められることとなる。このような動きの共同性を文脈として埋め込んだ構造化が，他者意識を活性化させ対人志向性が促されることが期待できるだろう。

（2）他者の意図推測・内面的理解への関心・志向を高める活動

次に，他者性への意識の高まりはみられつつ，その他者の意図推測や内面的理解をもとに表象を調整する活動である。この活動の実践例とし

表5-1　グループワークにおける活動実践例と支援の観点

実践例	自己理解				他者理解					自己ー他者関係			
支援の観点 活動名・活動内容	①自分の特性について考える	②自分が他者からどのように見られているか考える	③自分の意図をことばで表現する	④自分の意図をからだで表現する	⑤他者の気持ちや考えを推測する	⑥他者の特性について考える	⑦他者同士の共通点・差異点を考える	⑧他者のことばを注意して聞く	⑨他者の動きや表情に注目する	⑩自分と他者との共通点・差異点について考える	⑪役割を通して他者と協力する	⑫他者の動きに応じて自分の動きを調節する	⑬他者との身体的な一体感を体験する
【トイレットペーパーデリバリ】 トイレットペーパーに複数人数が巻かれた状態で，ペーパーが破れないようゴールまで移動する。									○			○	○
【二人三脚】 二人一組で，横に並び中央の脚の足首を紐で結んだままで，移動する。									○			○	○
【ボール運びゲーム】 二人一組で背中合わせの状態になり，その背中同士の間に1個のボールを挟んでゴール地点まで運ぶ。									○			○	○
【正直ものは誰だゲーム】 箱のなかに入っているアイテムを二人のうちどちらかがとるが，どっちがとったのかをあてる。		○			○						○		
【名役者は誰だゲーム】 食べ物（まずいもの，刺激の強いもの，おいしいもの）を食べて何を食べたのか当てる。		○	○		○			○					
【タイツマン】 グループメンバー数人が全身がすっぽりと覆われるスーツを着る。それが誰なのかを，質問しながら当てる。	○	○		○	○	○	○	○		○			

※ ○の項目がその活動で特にねらいとする支援の観点

て，嘘をつくことで勝負が決まるゲーム場面の設定を通した活動を挙げよう。相手に誤信念を意図的にもたらすことが“だます”ことの成功の鍵となるようなゲーム場面の設定である。このようなゲームでは，いわゆる“かけひき”を楽しみながらすすめていくこととなるが，その過程には，①本当のことを伝える（ふるまう）＝だまそうという意図性がない，②本当とは違う“嘘”を伝える（ふるまう）＝相手に誤信念をストレートにもたらそうとする意図性がある，③本当であるにも関わらず嘘かのように伝え（ふるまい）それが嘘だと相手に思わせる＝相手の“うらをかく”という意図を二重に操作する，といった段階がある（田中，2008）。

例えば，“名役者は誰だゲーム”では，メンバーをだまそうと思えば，まずくても平気な顔をしたり「おいしい」と嘘の感想を言ったり，誰かになりきって答えることが求められる。このとき推測する側には，相手の表情や発言内容，さらには「〇〇君はいつも反対のことばっかり言ってみんなを笑わせるから，今言っていることも嘘だろう」など，その人自身のパーソナリティをも加味しながら推測することが求められる。そのために関わり手は，表情への注目をうながしたり，発言時の語調や注意を焦点化していくなかで，見かけと心の中のことが異なっている可能性や，「〇〇君，この前も～したのに，しなかったって言ってたよね」など，“今ここ”の事象から広げていく視点について言及していく。このように，相手にどんな風に思わせたいか，そのために自分がどんな反応をするとよいのか，そのとき相手はどう思うか，など細かく段階を追いながら，他者の意図性を認識していくための関わりが要求される。ここには自己の対象化や他者に映る自己をどのように認識するかも関わってくるだろう。

4 まとめ

上述したような実践例を挙げながら自己理解・他者理解の観点からコミュニケーション支援の実際について述べてきたが，これらの支援が子どもの自尊心を大切にする関わりとして有効なものとなるためには，何より関わり手（周囲の大人や子ども）の肯定的なまなざしが絶対条件であることはいうまでもない。発達障害児が一方的に支援をうける，そしてその支援の先にあるゴールは健常児のコミュニケーション・スキルを学習し健常児の社会性を身につける，ということではなく，発達障害者児と関わる周囲の大人や子どもたちも同時に，発達障害児の自己理解・他者理解のありようを理解しようとするためのコミュニケーションを相互に作り上げていく志向性を育てることこそが真の支援へとつながるのではないだろうか。

【引用・参考文献】

森口奈緒美（2002）平行線―ある自閉症者の青年期の回想．ブレーン出版

Williams, D. (1992) Nobody nowhere. London; Transworld Publisheres.（河野万里子（訳）（1993）自閉症だったわたしへ．新潮社）

滝吉美知香・田中真理（2011）思春期・青年期の広汎性発達障害者における自己理解，発達心理学研究．22（3），215-227.

滝吉美知香・田中真理（2009）あるアスペルガー障害者における自己理解の変容過程，心理臨床学研究．27（2），195-207.

Begeer, S., Banerjeer, R., Lunenburg, P., Terwagt, M.M., Stegge, H. & Rieffe, C. (2008) Self-presentation of children with autism spectrum disorders. Journal of Autism Developmental Disorsder. 38, 1187-1191.

KOBAYASHIKEN（2010）自己理解・他者理解のためのグループワーク．

田中真理(2008)自閉症児の“場のよみ”にはいかなるメタ認知が働いているか．丸野俊一(編)．内なる目としてのメタ認知．現代のエスプリ，497, 142-151.

滝吉美知香・和田美穂・横田晋務・田中真理（2007）グループにおける他者志向性ペア活動を通した高機能自閉性障害児のコミュニケーション行動の変化．日本特殊教育学会第45回大会発表論文集.

第6章

余暇活動の中で育つ社会性とコミュニケーション

野口和人

1 プロローグ――2011年3月　東北地方

2011年3月11日，東北地方は未曾有の大災害に見舞われた。電気，ガス，水道がストップし，その日の食べ物を手に入れることもままならない状況の中，被災地にいる人々は誰もが不安な日々（少なからぬ人々にとっては辛い現実に向き合わねばならない日々）を過ごしていた。それでも，区域ごとに少しずつ，まず電力の供給が回復していった。

私が以前とほぼ同様にインターネットに接続できるようになったのは3月16日。すると，子どもたちや学生たち，研究室の卒業生たちと一緒に運営しているブログに，以下のような投稿を見つけた。

> 「安否確認情報」
> 11日に発生した東日本大地震での安否確認です。自分は無事です。怪我もありません。皆さんの事が心配で書きました。もしもこの投稿をどこかで見られているのならば，コメントで無事かどうかを書いて下さい。他の方の安否情報を知っている方はその方の事もお書き下さい。皆さんのご無事をお祈りします。(2011年3月13日)

中学生のA君からの投稿であった。すると，その数日後，しばらく前に仙台から引っ越して，遠く離れた場所に住んでいる中学生のB君から次のような投稿があった。

「状況確認」

皆さん無事のようですが○○にいるとまったく状況がわからないので皆さんに聞きたいと思います。皆さんも知っといたほうがいいと思います。可能であればコメントお願いします。(写真があれば投稿お願いします)

でもケイタイの電池，パソコンの電源など，このページを見るのに必要な電力がない，少ない場合は無理をしないでください。

なんか僕だけ震災から逃れていますが，皆のことがすごく心配です。

可能な限りコメント，投稿お願いします。

それでは（2011年3月18日）

さて，震災からしばらく経った頃，現在は某大学の教員となっている私の教え子がC君に震災当時の様子を尋ねた（鈴木，2012：未公刊)。高校を卒業して量販店でアルバイトをしていたC君は，その日も出勤であった。そこに突然の大きな揺れと停電。お客さんを店外の安全な場所に誘導した後，彼は最初に親の顔を思い浮かべたという。次に親戚の顔，そして3番目に私の顔が思い浮かんだと語っていた。彼と頻繁に連絡を取り，私よりもずっと彼と顔を合わせる機会が多かった先の教え子が「僕の顔は？」と尋ねると，彼は一言，「思い浮かばなかった……」。もちろん，ジョークのはず（？）であるが……。

さて，交通機関もほぼ完全にストップしている中，C君は大地震のすぐ翌日から片道3時間もかけて徒歩で職場に通っていたという。「どうしてそこまでして？」と教え子が尋ねると，彼曰く，「みんな困っているんで……」とのことであった。

2 野口研究室鉄道研究部会

2名の子どもたちの保護者から子どもたちのサポートをして欲しいと頼まれた時に，子どもたちが自ら参加したいと思えるようなものにしたいと考えた。たまたま2人とも鉄道に強い関心があり，近くの大学で教員をしている私の教え子が鉄道大好き人間でもあったので，その教え子や学生たちとともに，鉄道をテーマとした集まりを形作ることとした。活動の基本は，①ブログを開設し，メンバー各自が自由に鉄道関係の写真をコメント付きで投稿し，他のメンバーたちとコメントを送り合うこと，②週1回のミーティングにおいて，各自がブログに投稿した内容を詳しく紹介すること（ミーティングの際には，列車のヘッドマークのプラバン作り，次に述べる鉄道小旅行の計画を立てることなども行っている），③年に数度，鉄道を利用し，車両等を撮影する小旅行に出かけたり，鉄道関係イベントへ参加すること，とした。

一見すると何のサポートをしているのかと訝ってしまうかもしれないが，この活動の設計においては，マイケル・コール（Cole, 1996）が行っている放課後実践（「第5次元」と称されている）を参考にしている（詳しくは，平野ら，2011;平野ら，2009）。端的に言えば，口頭や文字によるコミュニケーションが豊富に生じる状況を作り出し，その中で社会性発達の支援を試みようとしたのである。表だって何かを学ぶ，教えるという形を取らなかったことで，子どもたちにとってはぜひ参加したいと思える場となったようであった。例えば，D君は，中学生になってからは部活動の関係で，ミーティングに参加することが難しくなってしまったが，それでも残り5分というところでも走ってきて参加してくれていた。なお，全くの余談であるが，私自身は鉄道大好きという人間ではなかったが（決して嫌いではなかったが），気がつけば出張等でどこかに出かける時は一眼レフカメラを持ち歩くようになっている。

さて，このようにして開始した鉄道研究部会であるが，ある時，D君が自分の投稿に対してコメントが全くないことに不平を漏らしていた。なんで僕の投稿にコメントしてくれないのかと，他の子どもたちや学生たちを責めるような発言をしていたD君であったが，学生たちから「だって，D君の投稿は何がすごいのか全然分からない」，「もっと詳しく説明してくれないと，鉄道に詳しくない私たちにはコメントのしようがない」，「例えば，クイズ形式とかにしてくれるといい」といった発言があると，その後はいろいろと工夫を加えた形の投稿をするようになった。また，皆で出かける鉄道小旅行に関して，子どもたちや学生たちがそれぞれプランを立てて，コンペ形式で競うなどのことも行った。多くの参加者から賛同が得られたプランを採用するというものであったが，子どもたちの立てたプランは，例えば，“〇〇時〇〇分発の電車に乗って，〇〇に〇〇系の列車を撮影しに行きます”といったようなものであった。学生から「お昼はどうするの？」と質問があると，「お昼はコンビニのおにぎりでいい」といった返答をしていた。「それだと，みんなが行きたいってならないんじゃない？」，「お昼ご飯って大事だよ」などの発言があると，その次に彼が立てたプランは，上記のような内容に加え，“この近くには〇〇っていう映画のロケをした場所があって，お昼には〇〇を食べることができます”といったものになっていた。

部会の立ち上げからしばらく経たある時，D君が珍しい列車を撮影できたことを話していた。ミーティングに参加しているメンバーたちから「そういう列車が来ること，よく分かったね？」と声が上がると，「鉄道の写真を撮りに行った時に仲良くなった人に教えてもらった」，「そういう友だちに教えてもらえばいいんだ」とD君は答えていた。それを聞いたA君がぼそっと「だって僕には友だちいないし……」と口にすると，D君がすかさず「僕がいるじゃないか」「何か情報が入ったら僕が教えてあげるよ」と応えてあげていた。

既にお分かりのように，冒頭のA君，B君は，この鉄道研究部会のメンバーである。部会開始当初の2人から少しずつメンバーを加えながら，部会の立ち上げから既に10年近くになろうとしている。最近の様子はと言えば，ミーティングなどはだいぶ鉄分が薄くなって（注：鉄道好きの者たちの間では，鉄道関係の写真を撮影しに行ったりすることを“鉄分を補給しに行く”と称したりする），鉄道以外のことで雑談しているような形になっている。ブログとは別のSNS（ソーシャル・ネットワーク・サービス）を利用して子どもたち同士でやりとりなどもしているし（寝台特急「北斗星」の定期運行が終了となる時，切符を手に入れたA君が，上野駅から札幌駅までの移動の様子をリアルタイムで報告するなどのことも行っていた），子どもたち（メンバーのほとんどは10代後半となり，まもなく成人を迎えようとしているが）はそれぞれの生活の中で，鉄道研究部会とは別の仲間関係を構築していたりもする。まだ苦労しているメンバーはいるものの，メンバーたちは各々自分たちの楽しみを見出しているようである。

3 「この場所があるだけで，僕はある意味，勝ち組ですから」

先に挙げたＤ君は，鉄道研究部会開始当初からのメンバーである。Ｄ君は，小学校低学年の頃は教室で皆と一緒に学習することが難しく，別室で個別に学習することが多かった。高学年になると学校内でのトラブルは少なくなったものの，家庭内で気持ちが荒れてしまうことが多くなり，そのころに鉄道研究部会に参加することとなった。小学生の頃は毎週欠かさず，中学生になってからは可能な範囲でミーティングに参加し，小旅行には必ず顔を出してくれていた（実は，私はＤ君，Ｂ君と，2泊3日の「大旅行」にも2回ほど出かけており，楽しい（？）エピソードも満載なのだが，紙面の都合上ここでは省略する）。

そんな彼が無事高校に合格し，高校生活が始まってしばらく経った頃，部会にひょっこりと顔を出した。ミーティングが終わって，メンバーたちが帰ろうとしている時，彼がぼそっと「明日も来ていいですか？」と尋ねてきた。「いいよ」と答えると，彼はそれから2週間ほど，ほぼ毎日研究室にやってきて，私や鉄道研究部会に参加している学生たちと様々な話をしては帰っていった。話の内容は主に高校での生活に関わることで，中には「女の子にモテるにはどうしたらいい？」などということもあったが，とにかく毎日2～3時間ほど，研究室で過ごしていった。遅い時間になって，こちらが「そろそろ帰らないと」と促しても，「自転車なので，すぐに帰れますから大丈夫です」と言ってなかなか帰ろうとはしない。そんな彼であったが，2週間ほど経つと，部活の関係もあって，また時折顔を見せるだけになっていった。

年度が変わり，彼が高校2年生になって2，3ヶ月たった頃，また何度もミーティングや研究室に顔を出すようになった。ミーティング以外の時の話題はまた主に高校での生活のこと。その何度めかの帰り際，彼は次のような言葉を残していった。「この場所があるだけで，僕はある意味，勝ち組ですから……」

現在の彼は，別の地域にある大学への進学を目指して猛勉強中（のはず）である。カメラと三脚を抱えて駅の近くを自転車で疾走する姿を最近見かけたのは，きっと私の見間違いだと思うのだが……。

4 「ここは自分を変えることができた場所」

C君とは，彼が高校1年生の終わり頃からの付き合いである。中学生の頃までは，彼は人間関係において多くの悩みを抱え（友人とのコミュニケーションがうまくいかない，にらまれたり陰口を言われたりした，等），友だちとの関わりを避けようとしたり，登校を渋るようなこともあった。また，気持ちの整理が付かず，家庭内で日に何度も荒れてしまうこともあったようである。

それでも，大学生のボランティアが関わるようになってからは，彼が苦手としていた人前に出て何かを行うことにもチャレンジするようになっていった。通信制の高校に進学してからは，共通の趣味を持つ者もおり，何人かの友人もできたとのことであった。ただし，その関わりは週に数度の通学の中で会話する程度にとどまり，学校外で関わりたいがどのようにすれば分からない，また，暇な時間をどのように過ごしたら良いかと考えていたという。

ちょうどそのような時に，それまで彼と関わっていた大学生が卒業する時期を迎え，私たちとの関わりが始まった。特定の学生が比較的頻繁に彼と顔を合わせることと並行して，時間を見つけては，研究室の学生たちや卒業生，時には他大学の教員や学生たち，さらには他の子どもたちも交えて，ボウリングや釣り，バーベキューなどに出かけた。誰が来るのか，お金はいくら掛かるのかなどを毎回確認してからではあったものの，こちらの誘いに比較的すんなりと応じてくれていた。しかしながら，なぜか旅行と温泉に行くことだけは，頑として応じてくれなかった。ある時，有名な温泉地で，彼の好きなアニメのイベントが開催されることを知り，「これ，行かない？」と誘ったところ，当初の返事は「いいですね」。ところが，「せっかくだから，温泉に入ってこようか？」と言ってみると，「それは遠慮しときます。やっぱり行きません」。海に釣りに行った帰りに温泉に入っていくことを何度誘っても，やはり「うん」とは言ってくれなかった。

彼との付き合いが始まってしばらく経ち，皆で海に出かけ，釣りやバーベキューをした時のこと。教え子たちが例のごとく，「温泉に入って行かない？」と誘ってみた。彼の答えは，やはり「ノー」であったが，試しに私が誘ってみると，「先生に言われちゃ，しょうがないなー」と言いながらも，快く応じてくれた。それ以降は，お互いの都合さえ合えば，どこにでも一緒に出かけている。

さて，初めての場所に行くとき，あるいは初めて会う人がいるときは必ず，彼の手首から手の甲にかけて色鮮やかな模様が描かれていた。またそのようなときは，私たちとの話が終わるとすぐにイヤホンを付けていた。ところがやがて，模様が描かれてくることもなくなった。あの模様は何だったのかと尋ねてみると，「おまじないみたいなもの」とのこと。イヤホンを付けることは依然としてあったものの，流れている音楽はやっと聞こえるぐらいの音量であった。

そんなC君が高校を卒業し，アルバイトを始めてみると，中学生の時とは比べものにならないくらい人間関係で大変な思いをしたという。C君なりに様々な工夫をしたとのことであるが，私たちと時々会うことが気分転換になっていたようである。また，直接会わずとも，「苦しい時があった時は，（私たちとの）楽しかったことを思い出すと，いつのまにか（その苦しいことを）忘れている」と話していた。そんな彼が私たちとの関わりについて語ってくれた言葉が，「ここは自分を変えることができた場所」というものである。

最近は年に数回顔を合わせるだけであるが，しばらくぶりに会ったという気がしないと彼は語る。彼はコスプレが好きで，時折カラー・コンタクトを付け，目が白くなっていたり，赤くなっていたりする。そのようなとき，以前はつっこんで良いものかどうか迷ったが，今では，「どうした？　目が充血してるぞ！」と声を掛けると，「実はちょっと寝不足で……」などと笑って応えてくれる。今はそんな付き合いである。人気漫画が実写映画化された時に，彼の頰に十字の傷が描かれていたのは，さすがに見なかったことにしたが……。今は職場でも充実して過ごしているようで，新人の教育係を任されるなど仕事の面でも，同僚との付き合いでもいろいろと忙しそうである。

5 エピローグ——余暇支援，居場所づくりを超えて

ここまで紹介してきた，ASDの子ども・青年たちと一緒に私たちが取り組んできたことは，学校（職場）と家庭との中間的な場での余暇支援活動であり，居場所づくりということになるのかもしれない。しかしながら，私たちがこれまでの取り組みを通して感じていることは，それらとは少し異なる。これまで

を振り返ってみると，空間的・時間的な隔たりがあってもお互いを大切な存在だと思う，そのような関係を築いてきた10年だったのではないかと感じている。相手を気遣うことや，苦しいことがあっても自分は大丈夫と思えるようなことは，適切に計画されたトレーニングを通じても，また様々な学びを経ても可能となるのかもしれないが，上述のような関係がもつ意味は大きいのではないだろうか。さらには，そういった関係をベースとして，彼らはそれぞれ自分たちの世界を拡大していっているようにも思われるのである。

もちろん，私たちとのかかわりが彼らの生活の全てではないし，彼らの成長・変化に対して私たちの取り組みがどのような役割を果たしたかを厳密に言うことはできない。それでも，震災直後にA君，B君が送ってくれたメッセージ，C君，D君が語ってくれた言葉，さらにはC君が，彼と年齢が近い学生たちのことを「親友」だと言い，そして「一生かかわりを持ち続けていきたい」と言ってくれていること，先述の私の教え子のことを「兄弟みたいな存在」だと語ることは，上述のような関係があったからこそと思えてならない。

さて，私たちの取り組みは，多分に「成り行き任せ」といったところもあるのだが，一方で，子どもたち・青年たちと関係を築いていくための「場の構造設計」もそれなりに行ってきたつもりである（詳細については，関連文献を参照)。おそらく，子どもたち・青年たちに応じて，「場」とその「設計」を考えていく必要があるのだと思う。私たちは，特別支援学校高等部の生徒たち，その卒業生たちとの新たな活動を数年前から開始している。卒業後へと続く仲間関係を在学時から構築していくことをねらいとしたものだが，その「場」や「設計」についても，いずれどこかで紹介できればと思う。

【引用・参考文献】

Cole M. (1996) Cultural Psychology. A once and future discipline. Camgridge: Harvard University Press.(天野　清(訳)(2002)文化心理学ー発達・認知・活動への文化・歴史的アプローチ. 新曜社.)

平野幹雄・鈴木　徹・長谷川武弘・野口和人（2009）高機能自閉症およびアスペルガー症候群の子どもを対象とした，放課後支援を通じた社会性発達支援に関する実践的研究.

平野幹雄・鈴木　徹・野口和人（2011）主体的な活動としての放課後実践を通じた高機能自閉症およびアスペルガー症候群の子どもへの社会性発達支援の試み.

鈴木　徹（2012）あるアスペルガー症候群の青年との“付き合い”. 日本特殊教育学会第50回大会　自主シンポジウム17　話題提供資料.（未公刊）

第7章

当事者の視点から考える社会性とコミュニケーション

1 異人が見た普通学級
——生徒を演じるということ

高森　明

1 はじめに

筆者は発達障害のある子どもにとっての本来のコミュニケーションのあり方はどのようなものなのか質問を受けることがある。ひとまず筆者はコミュニケーションに限らず，発達障害のある子どもに本来のあり方など存在しないと答えることにしている。例えば，水は環境条件（気候，湿度など）によって，氷になったり，雨になったり，雪になったり，水蒸気になったりする。水にとって本来のあり方が固体なのか，液体なのか，気体なのかを答えることは不可能だろう。発達障害のある子どものコミュニケーションのあり方も与えられた環境条件（制度の設計，集団の関係性）によって絶えず変化する。本来のあり方など存在しないのだ。

しかし，多くの教育関係者にとって，普通学級に在籍する発達障害のある子どもたちは教室の中の気になる存在であることが多い。なぜ発達障害のある子どもたちは学級集団の中で浮き上がりやすいのだろうか。本稿では，教育社会学における生徒役割という視点を援用しながら，普通学級のどのような環境条件が発達障害のある子どもたちのコミュニケーションのあり方を左右しているのかを明らかにしていきたいと思う。

手がかりとなるように，本文中には普通学級に在籍した経験を持つ当事者たちの手記を引用した。引用した手記は，読者の方が検証しやすいように，入手しやすい市販の書籍に限定されている。

2 普通学級の環境条件

まず，そんな当たり前のことをなぜ問題にするのかと思われるのを覚悟の上で，筆者が把握する普通学級の環境条件を明らかにしていこう。

まず，私立の小中学校は例外として，普通学級は同年齢，同地域の子ども集団によって構成される同質性の強い集団（同級生集団）である。これは異質な年齢，地域の子どもによって構成されている集団よりも，同級生同士のささいな差異や優劣が目立ちやすいことを意味している。例えば，集団の中に他の同級生と同じことができない子どもがいた場合，その子どもは学級集団の中で目立ってしまう可能性が高い。さらに，同質性の強い集団であるがために，子どもたちは同級生と自分を比較し，差異や優劣に敏感に反応する傾向がある。

第二に，学校から子どもたちに提供される教育サービスの内容は，事前にサービス提供者側によって決定されており，計画通りに等量，等質に提供される。これは，学校教育サービスが個々の子どもの状態（好み，学習到達度，学び方など）に合わせて提供することが極めて困難であることを意味している。歴史的な視点から見ると，学校教育はその始まりの段階で，可能な限り少ないスタッフ（教員）がより多くの子どもに知識と技術を伝達できるように設計された（柳，2005）。限られた予算でより多くの子どもに教育サービスを提供するためにはそうする他なかった側面もあるのだが，この設計では〈不適応児〉の出現は避けがたい。

第三に，学級集団は関係が固定的であり，集団内に不適切な関係（いじめなど）が発生しても，好ましくない相手と物理的に距離を置くことが難しい。そのため，一度いじめや孤立にさらされると，関係が固定されてしまい，容易に解体することができなくなってしまう。さらに，閉ざされた集団であり，外部からのチェックが届きにくいことが関係の固定化を助長することになるだろう（横塚，1975；内藤，2003）。

誰と一緒に,何を,どのように学ぶのかを選ぶことができない状況が学齢期を通じて継続してしまう状況。たまたま学級の設計と集団のあり方が合わなかった子どもには極めて耐えがたい環境と言えるだろう。以上に挙げた環境条件はどの子どもも等しく学校で経験することだが，発達障害のある子どもは，そのしわ寄せを受けてしまいやすい。

3 生徒を演じるということ

この環境条件の下で，発達障害のある子どもに限らず，多くの子どもたちは自らが集団の中で浮き上がらないような努力を暗黙の内に強いられることになる。それが本稿で扱う生徒役割である。

古くは自閉症スペクトラム当事者の森口奈緒美が提起した問題だが，学校とは一体何を学ぶ場所なのだろうか（森口，1996）。「生活するための知識と技術，あるいは集団生活を学ぶ場所だ」というのが公式見解であり，教育カリキュラムにも明記されている。しかし，学校には教育カリキュラムでは明文化されていないが，結果的に子どもたちが学習することになる「隠れたカリキュラム」が存在する（苅谷，1998）。

例えば，学校の定期テストや成績表は何のためにあるのだろうか。それぞれの子どもたちの学力を把握するため，というのが公式見解である。しかし,「隠れたカリキュラム」の視点を導入すると，定期テストや成績表は，それぞれの子どもに対して学力に基づく学級集団内の地位を思い知らせる機能を持っている。そんなことは教育カリキュラムには明記されていないのだが，結果的に子どもたちはテストと成績表を通じて，自らの地位を把握し，成績に応じた進路を選んでいく。

「隠れたカリキュラム」は他にもあるが，その内の1つが生徒役割を学習することなのである。社会的役割を演じる訓練と言ってもいいかもしれない。言うまでもないことだが，多くの子どもは学校で教師や同級生たちにありのままの姿を見せている訳ではない。教師からも同級生たちからも浮き上がらないように，生徒を演じながら，学級生活をやり過ごしている（苅谷，1998）。

例えば，授業を受けている子どもたちは，授業が成立しなくなった学級集団でない限り，授業が理解できているか否か，おもしろいか否かに関係なく，静かに着席している。中学卒業段階では半数近くの子どもは授業についていけなくなっているのだが，それでも子どもたちは黙って着席している。自らが理解できないことを教師から質問されても，「すみません。分かりません。」と謝り，そつなく対応する。授業や質問が理解できなかったからと言って，勝手に離籍する子ども，突然逆上する子どもはそれほど多くはない。子どもたちは授業を通じて，教科内容だけでなく，生徒を演じながら授業をやりすごす技術を学習しているのである。

ただし，多くの子どもは教師の目だけを意識して生徒を演じている訳ではない。教師に対して過度に従順な子どもは，時に同級生の間では「優等生ぶっている」と反感を持たれ，浮き上がってしまうことがある。そのため，休憩時間は適度に砕けた態度を取り，時にはムードメーカーになることによって同級生から反感を持たれるのを防ごうとする。また，授業が成り立たなくなった学級集団では，教師の前でも悪ぶることが，同級生集団から浮き上がるのを防ぐための戦略になっている。

生徒役割の学習もまた教育の一環だと言えばそれまでだが，これは同時に学校教育の副作用でもある。厄介なことに，子どもたちが無難かつ巧妙に生徒を演じてくれると，見かけ上，学級運営と授業の進行は順調になる。仮に学級集団内に授業が理解できていない子どもが増えていても，学校に不満を持つ子どもが増えていても，生徒役割は問題を不可視化してくれる。しかし，それは同時に学校教育をやりすごす子どもたちを拡大生産する営みなのである。

4 生徒を器用に演じること

おそらく，現状では，生徒役割の習得と遂行は学級集団内で生きのびるために不可欠になってしまっている。しかし，生徒役割の遂行は，以下に挙げる2つのタイプの子どもには耐えがたい負荷となってしまうだろう。

(1) 生徒を器用に演じることができない子どもたち

ひと口に発達障害のある子どもと言っても，その全てが学級集団の中で浮き上がってしまう訳ではない。例えば,学力が高い子ども,注意集中に困難があってもおとなしい子どもは，学級運営にも支障をきたしにくいので，それほど浮き上がらないかもしれない。しかし，授業中に立ち歩く，一斉行動についていけない，物事がうまくいかないと手がつけられなくなってしまう，同級生とのトラブルが多いといった特徴を持つ子どもは，浮き上がってしまうリスクは高くなる。また生徒役割には場面と状況に応じた判断と対応が不可欠であるため,コミュニケーションが不器用な子どもにも不利が生じやすい。例として，高橋（2012）と森口（1996）の小学校時代のエピソードを引用しておこう。

【エピソード１】高橋今日子（1980年代，小学校）

「大人しくてオドオドしていて弱虫で無口。グズでノロマで声が小さくてネクラ。勉強も運動もできず，人の話も理解することができない私はいじめのよいターゲットでした。小学校低学年のときはなにかをやってできないと感情が乱れ「できない」と投げだし，泣いたり，ときには教室から飛び出すこともありました。内気で大人しい反面，怒ると突然乱暴になるので，同級生とのトラブルは絶えませんでした。」（高橋，2012・下線は筆者）

高橋は自らの性格，勉強や運動のできなさ，話の理解の悪さ，感情コントロールの困難がいじめの原因になったと述懐している。しかし，他の子どもが同じような欠点を全く持っていなかった訳ではないだろう。筆者の目には，自らが苦手なこと，行動をうまく取り繕うことができない子どもの苦境が浮かび上がってくる。

【エピソード２】森口奈緒美（1970年代，小学校）

「仲良くしなければと思う一方，自分なりに「許せない」ことがあれば，それが目上だろうと目下だろうと，お構いなしに向かっていく癖があった。だから友達はそれを面白がり，私を故意に刺激して「爆発」させる遊びを思いついた。

他の子は先生が見ているところでは「悪さ」はしない。しかし私はといえば，先生がいようがいまいが，その区別さえまるでなかった。そうした周囲の認知ができなかったために，気がついた時は，必ず私が悪者にされていた。」（森口，

1996・下線は筆者）

森口は主に対人関係の不器用さから，生徒を器用に演じることができない子どもだった。そして，森口のような子どもの周りには，本人にわざと不快な刺激を与えるような子どもがつきまとうようになる。不快な刺激を与える子どもは教師が見ていない時に，浮き上がった子どもにちょっかいを出す。浮き上がった子どもが逆上して手がつけられない状態になると，その場を離れ，何事もなかったかのように普通の生徒を演じる。その結果，浮き上がった子どもだけが，教師からも同級生からも問題児と見なされるようになり，さらに苦境に立たされることになる。

重要な点を一つつけ加えておこう。高橋や森口のような生徒を器用に演じることができない子どもは学級集団から排除されているのではない。むしろ，必要とされているのである。彼女たちのような子どもがいることによって，他の子どもたちはいじめの標的にならなくて済む。いわば，学級集団の中にいじめられる子どもがいることによって学級の〈平和〉は成り立ってしまうことがあるのだ（横塚，1975；山口，2007）。

【エピソード3】ある女性教員の発言

「私のところでは，一人の子をいじめることで，まとまりのある明るいクラスになっている。だれかをいじめているとき，みんな生き生きとしている。逆に，いじめる子を見つけられないと明るいクラスをつくれないという妙な雰囲気がある。」（上野，1984・下線は筆者）

（2）生徒を器用に演じて，力尽きてしまう子ども

もう一つのタイプの子どもは，生徒を器用に演じることができない子どもに比べると，手がかからず，学級運営や授業の進行にも支障をきたさない。しかし，教員や他の子どもには見えにくい負荷を抱えこんでいくことが多い。

この子どもたちは教科の習得に何らかの困難を抱えており，生徒を巧みに演じることによって，授業で教えられたことが理解できないこと，覚えられないこと，上達しにくいことを必死にカモフラージュしようとする。一見人当りがよ

く，社交的で時に面倒見もよい。しかし，他の子どもよりもはるかに大きなエネルギーを使って生徒を演じており，常に神経が張りつめた状態になっている。さらに，常にできない，覚えられないという状況にさらされているため，どんなにうまく生徒を演じていても，自己効力感が高まることはない。例として南雲のエピソード（小菅，2009）を取り上げておこう。

【エピソード 4-1】南雲明彦（小学校）

「その性格で僕はクラスの「ムードメーカー」でした。「アーちゃんがいるからクラスから笑い声が絶えない」というような雰囲気があったと思います……(中略)……僕は当時から教師の指示がきちんと聞き取れなかったのです。あらゆる音が脳のフィルターを通ることなく心に飛び込んでしまうので，どれが先生の話なのか，何が周囲の雑音なのかの区別がしにくいのです。だから，いつも隣りの同級生を見ては先生の指示を理解するのが癖になっていました。教師から注意されるのを嫌い，僕はクラスの優秀な子を常に観察し，その真似をするようになりました。それが知らず知らずのうちに身を守る術として身についたのではないかと思います。」（小菅，2009）

【エピソード 4-2】南雲明彦（中学校）

「先生の言葉を耳と目で聞いて，覚えるようにしたのです。そのあとで，授業中に先生が3回以上言っていた言葉を教科書で確認するようにしました。先生の眼の動きや言葉の繰り返しの回数，時間のかけ方などを分析して，テストにどんな問題が出るかを予想して「ここは出そうだな」というポイントを把握するようにしました。」（南雲，2008）

教師の説明や指示が聞き取れず，ノートを取るのが苦手だった南雲にとって，授業での手がかりは教員や他の子どもの動きだった。南雲は教員の動きを観察し，他の子どもの動きを観察しながら，学級集団から浮き上がらないように，必死の生徒役割を学習した。その甲斐もあって教員や他の子どもから浮き上がることはなかった。しかし，溺れやすい水鳥が他の水鳥よりも水面下でたくさん水かきを続けなければならないように，南雲の水面下の努力は次第に限界を露呈した。いくら巧妙に生徒を演じても，授業が理解できないという不快な経験は積み重なっていく。

【エピソード 4-3】南雲明彦（中学校）

「毎日，夜寝る前に，次の日の学校のことを考えては不安ばかり感じていました。「明日は，ちゃんと指示が聞けるかな？」と，布団の中で考えていたのです。これが後に，学校に行けなくなる原因になるとも知らずに……。」（南雲，2008）

けっきょく，南雲は高校2年の時に強迫神経症を発症し，学校に通えなくなった。生徒を器用に演じることのできる子どもが幸福であるとは限らない。基本的に筆者は，発達障害のある子どもが円滑に学校生活を送れるようになるために生徒役割を学習させた方がよいという考えには賛同しない。

5 異人のまなざし

ある意味で，発達障害のある子どもは学級集団から生まれてきた異人である。

異人とは「社会集団の成員とは異質なものとして認識された人物」のことだが，その集団の特定の成員を差別・排除する形で生まれてくる人々（前科者，障害者など）も含まれている（小松，1995）。今回の考察に基づけば，発達障害のある子どもは，学級集団の中で生徒を演じることに失敗することで生まれてきた異人ということになるだろう。学校教育のレベルでは異人を消滅するための取り組みが必要とされるようになるだろう。それは，少なくとも発達障害のある子どもを同化することではなく，学級集団の設計や関係性を変更することによって達成される必要があるだろう。どのようにすれば，発達障害のある子どもが学級生活をやり過ごすためではなく，将来の生活のために必要なことを学べる教育を設計できるのか。どのようにすれば，異質な者を集中的に迫害することによって成り立つ集団の関係性を変えることができるのか。様々な関係者が集まって知恵を出し合うことができればいいと思う。

一方，学齢期を既に終えているからということもあるのだが，筆者は必ずしも自らが異人として生きることになったことを否定的には捉えていない。むしろ，最近は異人のまなざしを最大限に利用して，様々な集団の設計，関係性のあり方を考察することに熱中してしまっている。異人は時に迫害の対象となるが，同時に創造の源泉でもある。フランスの社会心理学者小坂井　敏晶が指摘するように，社会集団の他の成員たちの気がつかなかったことを敏感に嗅ぎつけ，その集団の常識を動揺させることのできる存在である。

「国際人という言葉がある。日本と外国の文化に精通し，どこにいてもその土地の人々と同じように振る舞える者のことを言うが，私が目指そうと思ったのはそのまったく逆のあり方だった。フランスでも日本でも自然に生きられる国際人ではなく，その反対に，フランスでも日本でも，あるいはどこに行っても異邦人として外界に対して常に違和感を覚えるような存在だ。」（小坂井，2003・下線は筆者）

そういう存在になりたかったので，筆者はあえて異人であり続ける道を選ぶことになった。

もちろん，筆者は発達障害のある子どもたちが高橋，森口，南雲のような学級参加状況に陥ることが望ましいとは思っていない。しかし，彼女／彼らが身を持って学級集団の設計や関係性のあり方を鋭く抉り出したように，異人のまなざしは，新しいまなざしを切り開く可能性を秘めている。そして，異人のまなざしは，当たり前の集団のあり方に違和感を抱き，考え続けた者だけが獲得できるまなざしである。異人を消滅させることで，異人のまなざしも消滅してしまうのは少し惜しい気がする。

異人の消滅を目指すのか？　異人のまま生きていける社会を目指すのか？ある意味では古くて新しいテーマだが，今なお考えてみる余地があるように思う。

【引用・参考文献】

苅谷剛彦（1998）学校って何だろう．講談社.
小松和彦（1995）異人論－「異人」から「他者」へ．井上 俊（編著）．岩波講座現代社会学3他者・

関係・コミュニケーション．岩波書店．
小坂井敏晶（2003）異邦人のまなざし―在パリ社会心理学者の遊学記．現代書館．
小菅　宏（2009）僕は，字が読めない。―読字障害（ディスレクシア）と戦いつづけた南雲明彦の24年．集英社．
森口奈緒美（1996）変光星―ある自閉症者の少女期の回想．飛鳥新社．
内藤朝雄（2001）いじめの社会理論―その生態学的秩序の生成と解体．柏書房．
南雲明彦ほか（2008）私たち，発達障害と生きてます―出会い，そして再生へ．ぶどう社．
高橋今日子（2012）発達障害―ヘンなコと言われ続けていじめられてきた私のサバイバルな日々．明石書店．
上野一彦（1984）教室のなかの学習障害―落ちこぼれを生まない教育を．有斐閣新書．
柳　治男（2005）〈学級〉の歴史学―自明視された空間を疑う．講談社．
山口昌男（2007）いじめの記号論．岩波書店．
横塚晃一（1975）母よ！殺すな．すずさわ書店．

2 発達障害当事者の「自立」と「依存」

熊谷晋一郎

1 はじめに

障害のあるなしに関係なく，子どもにとって大きな課題の一つは「自立」であろう。しかし，「自立とは何か」という問題を考えると，必ずしも簡単ではない。辞書を引いてみると，自立を意味する英語には“independence”というものがある。依存を意味する“dependence”に，否定の意味を持つ接頭辞“in”がついたこの単語の成り立ちから察するに,依存の対義語として自立というものをとらえていることがうかがわれる。しかし，自立と依存は本当に対義語なのだろうか。本稿でははじめに，依存症と呼ばれる特殊な状態について検討することから，この問題を考えてみたい。

発達障害とアルコールや薬物の依存症との関連を調べた先行研究では，特定不能の広汎性発達障害をもつことや（Hofvander et al., 2009），ADHDを持つことが（Wilens et al., 2011），後の薬物依存症や喫煙の発生頻度を高くすることが知られている。ADHDに関しては，女児であること，行為障害を合併していること，神経刺激剤の開始年齢が遅いことなどが，依存症のリスクを高めるという報告もある（Dalsgaard et al., 2014）。

しかし，だからといって，依存症の原因を，発達障害という個体的要因に帰属させることには慎重になるべきである。個体要因以外にも，社会環境の影響が依存症の発症において無視できないからだ。例えば，アメリカに住む民族的マイノリティを対象に，社会経済的な状況や，主観的な被差別感が薬物依存症に関連しているかどうかを調べた調査によると，当事者の被差別感は有意に薬物依存症と関連しており，とりわけその関連は，アジア系の低所得層と教育達成度の低いヒスパニックの人々において顕著だった（Lo & Cheng, 2012）。

また，社会環境によって与えられたトラウマが，依存症と深く関係していることもよく知られている。実際，外来を受診する依存症患者の約半数が心的外傷後ストレス障害（PTSD）の診断を満たしているということや（Brady et al., 2004），PTSDの合併によって依存症の予後が悪くなるということ（Simpson et al., 2012）が報告されている。また，PTSDの症状を和らげるための自己対処法として依存症をとらえるモデルも提案されている（Khantzian, 1999）。

以上の知見を踏まえると，発達障害が依存症に直接影響するという解釈以外に，発達障害を持つ人々を排除的に取り扱い，傷つきを与える社会環境のありようが，彼らを依存症へと駆り立てている可能性もあるだろう。

2 傷つきと語り

依存症の背後に少なからず存在している，社会的排除や傷つきの問題をもう一歩深く検討するために，自伝的記憶（これまで自分が経験してきた出来事の記憶の総体）についての先行研究を見ておくことにしよう。

（1）自伝的記憶

先行研究では，過去に経験した断片的なエピソードの記憶を，物語的に統合したデータベースの総体を「自伝的知識基盤（autobiographical knowledge base: AKB）」と呼んでいる。そして，時々刻々，必要に迫られる形で，AKBのうちの一部が想起された内容のことを「自伝的記憶（autobiographic memory: AM）」という。

心理学者のコンウェイ（Conway, M. A.）はAKBやAMについてのモデルを提案している。コンウェイによると，AKB／AMの構築や想起においてみられる一般的な原則は，哲学の中で主張されてきた2つの真理論（既存の知識体系との内的な整合性＝coherenceが保たれている時に，新規な知識が真理とみなされるという「整合説」と，新規な知識が事実と対応＝correspondenceしている時に真理とみなされるという「対応説」）の区別を用いて説明されるという（Conway, 2005）。以下ではこの原則についてのコンウェイの解説を簡単に説明しよう。

人間の記憶は，それぞれの個体が持っている予期（生存に直結する自己保存への期待や，幸福への期待，自己や世界はこのようなものだという予測的信念など）を維持できるように，書き換えられたり，歪められたり，ときには捏造さえされたりする。AKB／AMの構築に課されるこの「予期の維持」という拘束条件が，自己整合性（self-coherence）である。

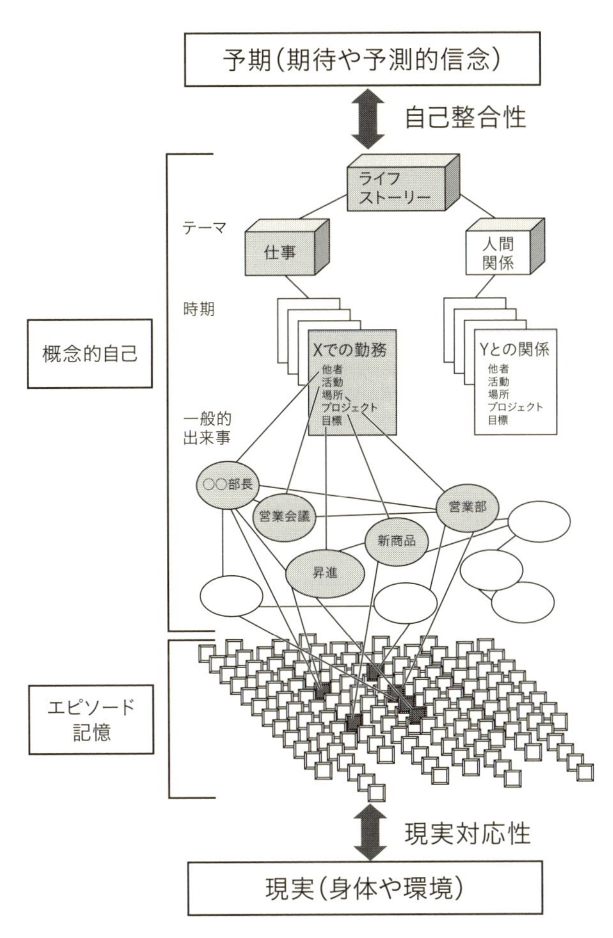

図7-1　自伝的知識基盤の構造に関するモデル（Conway 2005; Figure 5を筆者が和訳）

他方，自己整合性に拮抗する条件として，AKB／AMの内容は事実に対応していなくてはならないという条件がある。ただし，各瞬間の詳細な記録をずっと保持し続けることは，記憶容量および検索の面で負荷が大きくなるため，詳細な記録は短期間でアクセスが抑制され，予期に資するものだけが，適度な抽象化の過程を経て長期記憶に変換されるという。

コンウェイのモデル（図7-1・前頁）によると，長期記憶として保存されているAKBの構造は，①自己整合性が優先され，抽象概念（主に言語）によって表象される「概念的自己（Conceptual self）」と，②現実対応が優先され，具体的な感覚運動情報で表象される「エピソード記憶（Episodic memories）」という2つのサブシステムから出来上がっている。

（2）PTSDと自伝的記憶

AKB／AMの真理条件を破壊する経験は，その定義上トラウマである。なぜならトラウマとは，受傷時に本人がもっていた予期をゆるがすようなエピソード記憶であり，にもかかわらず，アクセスが抑制されない特殊な記憶だからだ。

トラウマに関連した状態（急性ストレス障害やPTSDなど）においては，過剰一般的な自伝的記憶（overgeneral memory: OGM）という傾向が認められることが良く知られている（Williams et al., 2007）。OGMとは，過去の具体的な出来事を思い出して描写することの困難，とりわけ特定の時間と場所で起こった出来事をうまく報告できない状態のことである。高いレベルのOGMは，トラウマ後の鬱やPTSDの発生を予測し，鬱の経過の悪さや社会的問題解決の効力低下に結びついていることが知られている。そのほか，摂食障害とパーソナリティ障害においてもOGMが見られるといわれる。一方でPTSDの主症状の中には，自己整合性の条件下に置かれない，きわめて具体的なフラッシュバック記憶の不随意的な侵入もある。OGMとフラッシュバックの併存という事態からは，概念的自己とエピソード記憶とのリンク（自己整合性と現実対応性の両立）がうまくいっていない状態が示唆される（図7-2・次頁）。

（3）社会文化的要因と自伝的記憶

トラウマがAKB／AMの統合性を損なわせる一方で，より詳細で一貫性のあるナラティブ（語り）をつむぐ親のもとに育つと，子どもは，よく分節化して整合的な自伝的記憶を獲得することが知られている（Fivush et al., 2011）。こうした，ナラティブを通じたAKB／AMの構築過程は青年期まで続くが，青年期になると身近な他者とのナラティブだけでなく，自分が属する文化のなかで規定されている代表的な自伝的記憶のフォーマットや，マスター・ナラティ

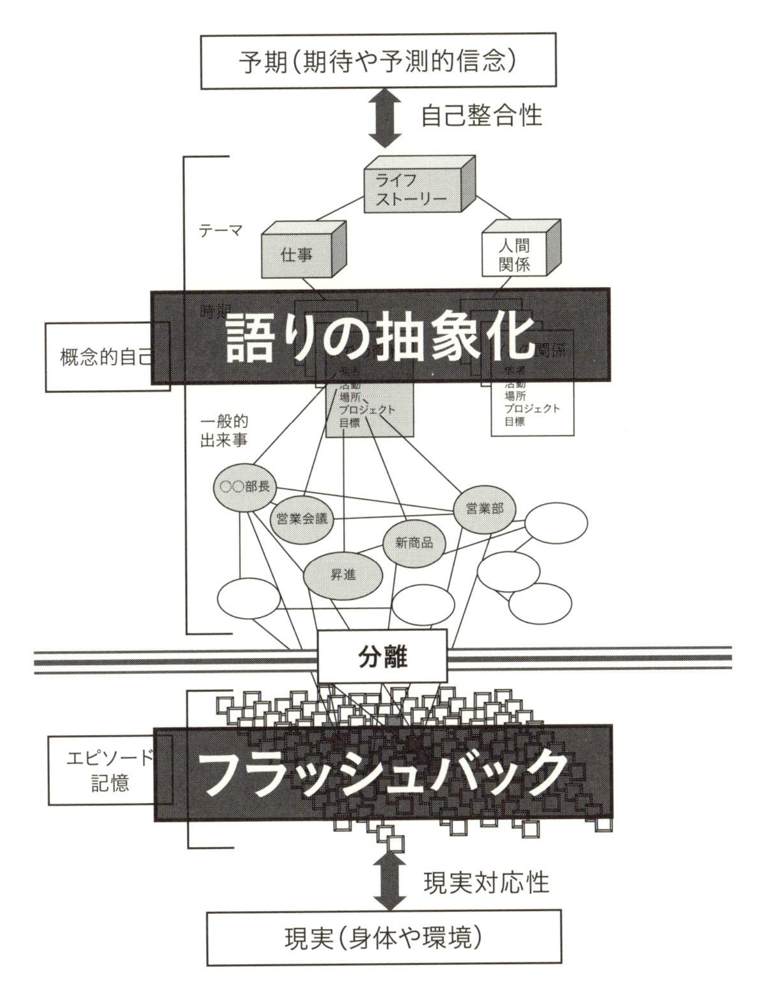

図7-2　概念的自己とエピソード記憶の分離

ブも利用するようになる（Fivush et al., 2011）。このように考えると，統合されたAKB／AMを構築するための社会文化的な条件として，

（A）身近な人間関係において詳細で一貫性のあるナラティブがつむがれること
（B）所属する文化が自伝的記憶の記述フォーマットを与えてくれること

の2つが重要であるということが示唆される。そして，障害者や民族的少数派など，主流派に包囲されて分断された少数派の場合，ナラティブを通じて固有の経験を分かち合える身近な他者が得られにくいだけでなく，所属する文化が記述フォーマットを与えてくれないために，自伝的記憶が統合されにくい可能性がある。

自伝的記憶が身近な人との社会的なやり取りや，所属する文化への適応状態に影響を受けるだけでなく，逆に，自伝的記憶の状態が社会的やり取りの成否に影響を与えうることも知られている。例えば，他者の心的状態を推論する心の理論課題を解くには，自伝的記憶を資源として活用する必要がある（Dimaggio et al. 2012）。また，ASD者ではOGM傾向が高いほど心の理論課題の成績が低い（Crane et al. 2013）。それを裏付けるようにASD児では，自伝的記憶の神経基盤とみなされているデフォルト・モード・ネットワーク（Default-mode network：DMN）内部の機能的なまとまりが弱く，それが重症度と相関しているということが明らかになっている（Washington et al., 2014）。

少数派であることと，依存症との間をつなぐものとして，「社会的排除による傷つき」，そして「統合されないままの自伝的記憶」という問題が存在していることが示唆された。次節では再び障害を例に，より一般化して依存と自立の関係について考察する。

3 依存と自立の関係

はじめに確認しておきたいことは，「何にも依存せずに生きている人など，存在しない」という単純な事実である。あなたが毎日食べているお米は，誰が作っているのか。いつも身にまとっている衣服は，誰が作っているのか。通勤する

際に利用する公共交通機関の稼働を支えているのは誰なのか，等々，少し振り返ってみれば，人間は誰しも，生活のほとんどを自力で行ってはいないことに気づかされる。私たちの日常は，膨大な物理的・社会的環境の支えに「依存」しているのである。このことを説明するために，あの日のことを振り返ることから始めよう。

(1) 震災が可視化したもの

2011年3月11日におきた東日本大震災は，電気，交通，水道，情報網，流通網など，あらゆる人々が依存していた人為的環境の多くを機能不全に陥らせた。日常性とは予期と信頼の構造といえる。今日も，明日も，そしてその後もずっと，環境が私たちの暮らしを支えてくれるだろうという予期と信頼が，あの日打ち砕かれたのだ。震災が象徴するトラウマティックな出来事は一般に，日常性，あるいは予期と信頼を打ち砕くという性質によって特徴づけられる。

震災のあったあの日,筆者は6階建てビルの5階にある研究室にいた。避難誘導のアナウンスが流れて,「そうか，逃げなくては」と我に返った。ちょうどその時，研究室の同僚が駆けつけてくれ，エレベーターが止まっているということを教えてくれた。もちろんあの時，移動を可能にする環境の支えを失ったのは筆者だけではない。地震直後，都内の鉄道はほとんどすべて止まった。とはいえ，エレベーターが止まったなら階段を使う，いざとなればハシゴでも降りられる，という冗長な健常者の「依存―支え」状況と比べて，筆者のライフラインの脆弱さは明らかだった。この「依存―支え」状況の冗長性の差を図示したものが，図7-3である。

避難に限らずおよそあらゆる行為について，健常者の場合，依存先の数が相対的に多いおかげで,「あれがだめなら，これがある」という頑強さを享受している。しかし障害者の場合，依存先が限られているせいで,「あれがだめなら，もうおしまい」という脆弱な状況に置かれやすい。ゆえに，限られた依存先への「依存度の深さ」は増してゆく（図7-3では，依存度の深さを矢印の太さで表している)。一般的な傾向として,「依存先の多さ」と，一つあたりの依存先への「依存度への深さ」との関係は，一方が増えれば他方が減るという関係にあると考えられる。

（2）依存先への信頼の喪失

筆者の考えでは，依存症という状態もまた，障害者と同じく，「依存先の少なさ」と「限られた依存先への依存度の深さ」の2つで特徴づけられる。ただし，そうした状態に陥る理由は，障害者とは一部異なっている。障害者は，身体の特徴が健常者と異なることによって依存できなくなる。例えば，健常者の身体に合わせてデザインされた「階段」という依存先と，階段を上ることのできない身体とは相性が悪いので，階段には依存できないといった具合である。それに対して依存症者は，身体と環境の物理的な相性というよりも，「環境が私を支えてくれるはずだという予期と信頼」を失わせるようなトラウマ的な経験によって，依存できなくなると考えられる。

環境には，人的環境と物的環境の2つがある。親からの虐待といった養育環境の問題が，依存症の発症や予後の悪さを予測するという研究（Dube et al., 2003; Schumacher et al., 2006; Westermeyer et al., 2001）を踏まえると，依存症者が予期と信頼を失うことによって依存できなくなる環境というのは，主に人的環境と言えるかもしれない。人は誰でも依存なしには生きられない。そのような生存の条件の下で，人的環境に依存できないということになれば，消去法で物的環境に依存するしかなくなるのは必然と言えるだろう。理由は違っ

図7-3　健常者と健常者の，依存先の多さの違い

ても，障害者がエレベーターにしか依存できないのと同じように，依存症者は，依存物質にしか依存できないのかもしれないのである。

依存症からの回復とは，依存薬物というなけなしの依存先（予期と信頼を寄せられる数少ない環境）を断ち切るということでは決してない。むしろ，依存薬物以外の環境に向かって，新たな依存先を開拓することで，依存薬物への依存度を浅くしていき，やがては依存薬物に依存しなくてもやっていけるような状態になることこそが，依存症からの回復だといえるだろう。それは障害者にとっての自立の条件を考えるうえでも参考になる。

（3）multi-dependenceとしての自立

以上の議論を踏まえると，自立とは，依存しないこと（independence）などではなく，むしろたくさんの依存先を分散してもつこと（multi-dependence）であるということができる。依存症臨床の現場でしばしば活用される共依存という言葉は，「ケアの与え手が，受け手のケア調達ルートを独占することによって，受け手を支配すること」と定義されるが，障害者の自立生活運動の歴史も共依存との戦いだったといえる。かつて身体障害者は，家族，とりわけ母親からのケアに依存するしかない状況に置かれていた。親による子のケアの独占は，多くの人々が子どものころには経験するものだろう。だが健常児の場合，成長するにつれて先述のケア調達資源を増やしていき，母親以外の他者からケアを調達できるようになることで，依存先の偏りを小さくしていく。それと比べて身体障害を持った子どもの場合，この移行がしばしばスムーズにいかない。

詳細には触れないが，身体障害者による自立生活運動は，「青い芝の会を中心とした，既存の価値観を問い直す思想的な運動」（横塚，2007），「新田勲らをはじめとする，権利・義務という法的なレトリックで制度に働きかける運動」（新田，2009），「中西らをはじめとする，消費者・雇用主という消費社会的なレトリックで市場に働きかける運動」（中西・上野，2003）などの潮流が一体となって複線的に進んでいき，それまで家族や施設に独占されていた依存先を地域や市場へと分散させたといえる。

4 おわりに

少数派同士が語りを通じて互いの経験を分かち合うこと，そして，少数派の身体に合ったたくさんの依存先を社会の中に開拓していくこと。この２つの過程が，少数派の自立にとっては欠かせない。社会的に認知されて間もない発達障害において，先行する依存症の実践や，自立生活運動の歴史は，参考になるはずである。

【引用・参考文献】

Brady,KT.,Back,S.,Coffey,SF.(2004)Substance abuse and posttraumatic stress disorder. Curr Dir Psychol Sci.13,206-209.

Conway,M.A.(2005)Memory and the self. Journal of Memory and Language, 53,594-628.

Crane, L., Goddard, L., & Pring, L.(2013)Autobiographical memory in adults with autism spectrum disorder: the role of depressed mood, rumination, working memory and theory of mind. Autism.17,205-219.

Dalsgaard, S., Mortensen, P. B., Frydenberg, M., & Thomsen, P. H.(2014). ADHD, stimulant treatment in childhood and subsequent substance abuse in adulthood - a naturalistic long-term follow-up study. Addict Behav. 39, 325-328.

Dimaggio, G., Salvatore, G., Popolo, R., et al.(2012)Autobiographical memory and mentalizing impairment in personality disorders and schizophrenia: clinical and research implications. Frontiers in Psychology.3,529.

Dube SR, Felitti VJ, Dong M, Chapman DP, Giles WH, Anda RF.(2003)Childhood abuse, neglect, and household dysfunction and the risk of illicit drug use: the Adverse Childhood Experiences Study. Pediatrics. 111(3),564-572.

Fivush, R., Habermas, T., Waters, T. E., & Zaman, W.(2011). The making of autobiographical memory: intersections of culture, narratives and identity. Int J Psychol. 46, 321-345.

Hofvander, B., Delorme, R., Chaste, P., Nydén, A., Wentz, E., Ståhlberg, O., Herbrecht, E., Stopin, A., Anckarsäter, H., Gillberg, C., Råstam, M., & Leboyer, M. (2009). Psychiatric and psychosocial problems in adults with normal-intelligence autism spectrum disorders. BMC Psychiatry, 9, 35.

Khantzian, EJ.(1999)Treating addiction as a human process. Jason Aronson; Northvale, NJ.

Lo, C. C., & Cheng, T. C. (2012). Discrimination's role in minority groups' rates of substance-use disorder. Am J Addict. 21, 150-156.

Schumacher JA, Coffey SF, Stasiewicz PR.(2006)Symptom severity, alcohol craving, and age of trauma onset in childhood and adolescent trauma survivors with comorbid alcohol dependence and posttraumatic stress disorder. Am J Addict.15(6),422-425.

Simpson,TL.,Stappenbeck,CA.,Varra,AA.,Moore,SA.,Kaysen,D.(2012)Symptoms of posttraumatic stress predict craving among alcohol treatment seekers: results of a daily monitoring study. Psychol Addict Behav.
Washington, S. D., Gordon, E. M., Brar, J., et al. (2014)Dysmaturation of the default mode network in autism. Human Brain Mapping.35,1284-1296.
Westermeyer,J.,Wahmanholm,K.,Thuras,P.(2001)Effects of childhood physical abuse on course and severity of substance abuse. Am J Addict. 10(2),101-110.
Wilens,T.E.,Martelon,M.,Joshi,G.,Bateman,C.,Fried,R.,Petty,C.,&Biederman,J.(2011). Does ADHD predict substance-use disorders? A 10-year follow-up study of young adults with ADHD. J Am Acad Child Adolesc Psychiatry.50, 543-553.
Williams, J. M. G., Barnhofer, T., Crane, C., et al.(2007)Autobiographical memory specificity and emotional disorder. Psychological Bulletin, 133; 122-148.
横塚晃一．(2007) 母よ！殺すな．生活書院．
新田勲．(2009) 足文字は叫ぶ！―全身性重度障害者のいのちの保障を．現代書館．
中西正司・上野千鶴子．(2003) 当事者主権．岩波書店．

第8章

生活のステージごとにみる
コミュニケーションの諸問題

大井　学

本章では高機能自閉症スペクトラム障害をもつ個人および周囲の人々が生活のさまざまな場面で経験するコミュニケーションの諸問題について，それぞれ会話の記録などを交えながら紹介し，必要な支援について検討する。

1 就活場面・その1

アスペルガー症候群の高校生（当時）の息子をもつ，従業員500人規模の中企業の社長であるA氏は次のような就活面接場面での経験を述べている。

「私は，営業の会社の責任者として数多くの学生さんを面接しています。その中にはアスペルガー的な傾向を持つと思われる学生さんもいます。この方たちはこだわりが強く，別の言い方をすれば自分の意見（我）を通そうとしがちで営業には不向きと思います。

たとえば，履歴書をワープロ打ちして持参した学生さんがいました。これはこれで良いのですが，特技の欄に「書道8段，ペン習字9段」と書いてあります。それで「なぜ履歴書を自筆で書かなかったのか」と尋ねると，「履歴書の紙質が私の思うようなものではないのでペンに合わない」とのことでした。本来自分の強みを強調するべきなのに自分のこだわりに終始してしまうことが残念でした。IQも高く能力もある学生さんなのですが，社会生活に重要な協調性にかけるなどで採用いたしませんでした。会社を運営するものとしては，会社を守る責任があります。トラブルの元となるものは排除しておくことは自然です。

そういう観点で私の高校生の息子を見ると絶対，採用はできません。自分が興味を持つことへの集中力，決められたことに対して成し遂げようとする努力など良い面も持っています。しかし，判断をするにも自分の考えだけの狭い中でしてしまう傾向にあり，物事を柔軟に受け入れることが難しいようです。ライフスキルの未熟さは，失敗を繰り返しながら，自分でも工夫して改善していけるかもしれませんが，根本的な資質は一生，彼自身や周りの人たちを悩ませていく事と思います」。

この面接で落とされた学生のような人物を営業主体の企業が雇用するためには,ジョブコーチの支援や企業内での助言役をおくことが必要となろう。厚生労働省が行っている就労支援（発達障害者･難治性疾患患者雇用開発助成金など）が必要となる。またA氏が述べるように営業というコミュニケーションが中軸となる職務ではなく，製品検査や現業，コンピュータによる個人作業，専門性の高い職務など過大なコミュニケーション負荷がかからない職域の確保も必要であろう。ちなみにA氏は農業生産を6次産業的に行う会社を立ち上げ，アスペルガー症候群などの青年らを雇用する試みを始めている(「金沢ちはらファーム」ホームページhttp://chihara-farm.com参照)。

2 就活場面・その2

大学生を対象とする就活セミナーにおける研修の柱の一つはコミュニケーションである。履歴書の書き方もその重要な一部である。大学4年生（当時）だったBさんは，現住所欄の記載の仕方で就活セミナーの講師から叱責と注意を受けた。彼女が在籍する大学は政令指定都市にあり，普段から住所を書く際は○○市と市名から書き始める習慣を持っていた。履歴書にもそのように書き込んだBさんに講師は「できるだけ詳しく書きなさい」と指示した。Bさんは文字通りの意味で指示を理解し，なんと「銀河系－太陽系－地球－日本－○○県－△△市」と書いて，講師から「おちょくっているのか」と余計に非難・叱責をうけた。都道府県名を追加することだけを講師は期待したからである。履歴書のようなフォーマルな文書では，政令指定都市在住の場合でも都道府県名をいれることが慣習化されているという実感がBさんにはなかった。また「できるだけ詳しく」という言葉の意味を都道府県名の追加のリクエスト以上のものと解釈した。このような言葉の意味の文字通りの解釈は自閉症スペクトラム障害がある場合に広くみられる，言語の字義性と呼ばれる特徴である（大井，

2015)。Bさんにもこの特徴があると考えられる。彼女には「履歴書には都道府県名を書きなさい」という誤解しようのないストレートな指示が必要であった。

Bさんはこのことばの字義的理解でときどきコミュニケーションの失敗をやらかしている。就職して3年目（職場不適応でうつ病を発症し休職中の時），車で旅行に出かけた時の出来事である。高速道路を走行中に「長い坂2キロ減速」というサインを見て，文字通り走行速度を2キロ落とすことだと受け取り，「長い坂が2キロ続くので減速せよ」とは受け取らなかった。また，彼女は小学4年生のお正月に，元旦の朝母親から「ポスト見てきて」といわれ，家のポストと近所の郵便ポストを見てきて帰り，「ポスト赤かったよ」と報告して叱られたという。「ポストに年賀状が届いてないか見てきて」という指示であれば誤解は避けられたと思われる。

ただし，現在のBさんは毎度毎度ことばを文字通りに理解している訳ではない。普段は間接依頼や比喩，皮肉などの非字義言語の理解も問題がない。彼女が示す字義性は時折みられる程度である。

3 中高生時代

次に小学5年生でアスペルガー症候群と診断されたC君が中高生時代に遭遇したコミュニケーション問題を示す。小学2年生からお世話になっていた書道の先生と中学3年生になってから，はじめてトラブルになった。連絡帳に「最近は来たすぐから，ああ言えばこう言うで，少し反抗的な言葉を言ったり，素直になれなかったり……こちらも理解はしますが，これは決してアスペルガーだからではありません。そのせいにしてはいけないとも思います。素直な気持ちやまっすぐな気持ちを持てることが今はとても大切なことだと思います。いけないことはいけないと注意しました。年齢的にそういう時期なのだとも思います。本人の意思を尊重するのはいい事ですが，社会にこれから適応していくためにもいけない事ははっきり理解して成長していってほしいと思います」と書かれていた。

C君はその顛末を母親に次の通り語った。「ようわからんし。前の時に，家にはいったらいきなり『スリッパはいて』って言われて，『なんではかなきゃいけないんですか？』って聞いたら,『ワックスをぬったから』って言われた。ワックスとスリッパがなんで関係あるのか意味がわからんかったけど，先生に従った。今日の練習で，最初スリッパはくの忘れて，あわててはきにいって,『いつまでスリッパはくんですか？』って聞いたら,『いい加減にしなさい』って怒鳴られた。聞いただけなんに。『素直になりなさい』って言われて，『素直ってどういうことですか？』って聞いたら『まっすぐな気持ち』って言われた。『まっすぐな気持ちって意味がわかりません』って言ったら,『反抗的な態度をとらないとか，敬語を使うこと』って言われた。ぜんぜん理解できなかったけど,『わかりました。これからは口の聞き方に気をつけます』って言ったら,『そんなことじゃない』って怒られた。スリッパのこと聞いただけなのに，なんで怒られるのかわからんかったけど，我慢した」。

現場を目撃したのでないため誤解が生じた経緯は憶測するしかないが，おそらく音調の問題とC君から先生への質問回数の2つが関与しているものと思われる。「いつまでスリッパはくんですか？」を明るく軽い調子で口にすれば誤解は起きなかったのではないかと思われる。C君はこれを重い暗い調子で口にしたのかもしれない。また，質問を重ねると相手に反抗的でしつこいと思わせてしまうリスクが高まる。

こうした誤解を回避し，あるいは解決するには先生に対するコンサルテーションが必要となるが，このような習い事を含む学校と家庭の外で起きるコミュニケーション問題の幅広い領域で対応するのはかなり難しい。当事者側の落胆や非哀をカバーするサポートや，音調の使い分けに関するトレーニングが望まれる。C君の場合は母親が聞き手になり彼の悲哀と落胆を受け止め，習い事を継続するかどうかの相談に応じた。

C君のコミュニケーションの誤解は家庭内でも時折生じていた。高校2年生の時，登校前の洗面所での父親とのコミュニケーションに失敗した例をあげる。C君は髪の毛がかたく寝癖がついてしまう。髪に水を付けて洗面台に向かっているとき，整髪料を手にした父親が「手を伸ばせ」といった。整髪料で髪を直せ，整髪料を出すから手を伸ばして受け取れ，という意味である。これに対してC君はなんと万歳をして手を上に伸ばした。父親は「こんなこともわからないのか」と不機嫌になったそうである。C君の障害へのサポートを心がけている母親であればこうした非難はうけなかったであろう。母親がコミュニケーションの失敗に寛容で，父親が不寛容というのはどの家庭でも起きうる。C君の障害に関する母親からの父親に対する説明が行われたことはいうまでもない。

4 小学校高学年の母子コミュニケーション

C君が小学校5年生の冬（診断の直後），彼と母親とのコミュニケーションで行き違いが生じた。テレビでアニメを見ているときに「しがない占い師」というセリフがあり，その意味をC君が母親に尋ねた。それに対する母親の説明を聞くC君の態度はあまりほめられたものではなかった。この場面はビデオ記録があるので，それを文字転写し次に示す。

1　C：テレビを見ている
2　母：「わかってないんやろ。見たいんやろ，これ。」
3　C：「ん？」テレビを見ながら
4　母：「テレビみたいんや。だから聞いてないんやろ。」
5　C：母を見て「聞いとるよ！」大声で怒鳴り，テレビと母のあたりを見る
6　母：「ほんなら，しがない占い師ってどういう意味やった？」
7　C：母を見て「というわけで，びんぼう……たりない，たりない占い師。」テレビを見る
8　母：「あはは……たりない占い師ちゃう，とるにたりない，つまらないってこと。」
9　C：母を見て「つまらない占い師」テレビを見る
10　母：「それでは，あはは……。ねえ，ねえ。」
11　C：母を見て「つまらない占い師。」テレビを見る
12　母：「しがないピエロは？」
13　C：母を見て「つまらないピエロ。」テレビを見る

C君がターン5において大声で怒鳴った場面が母親には気になった。テレビの方ばかり見ているのを非難したターン4で母親が伝えたかったことは「相手

を見るなど説明を聞く態度を示せ」ということであった。しかしC君は母親の説明を文字通り聞いていなかったわけではなく,「聞いてないんやろ」と言われて抗議したものと思われる。ターン7, 9, 11, 13を見ればC君が説明を聞いて理解していることは明らかである。

ここで起きたコミュニケーションの問題は，会話における協力関係にかかわるものである。聞き手は，話し手に対し聞き手であることを明らかに示す（視線を合わす，うなずくなど）必要がある。高機能自閉症スペクトラム障害児では，話し手と聞き手の役割を取り合って協調的に会話することに問題がしばしばみられる。ターン4で母親が伝えたかったことを「こっち向いて聞いてくれる？」とストレートに伝えることで問題は解決された。ただし「話をするときは人の目をみなさい」と強く言い過ぎたからか，高校2年時点でC君がこの場面のビデオを見たとき，必要以上にじーっと母親を見つめすぎるという問題も現れていた。また，このビデオを見てC君は「全然人の話を聞いてない」とこの時の自分を評価することもできており，特に介入しなくても加齢によって会話の協力のスキルが向上する可能性も示唆された。

5 小学校低学年のコミュニケーション

7歳のD君は大学院生とのセッションを終了する合意をつくることがなかなかできなかった。セッションを終わるタイミングであることを大学院生がそれとなく伝えても，ほとんど無視同然であった。

1　大人　:「おっじゃあそろそろ時間だし，片づけしますか？」
2　D　　:ブロックをいじったままで「んー」
3　大人　:「ねえ」
4　D　　:ブロックをいじり続ける
(中略)
11　大人:「ねえねえD君そろそろお片づけしませんか？」D君を覗き込む
12　D　:5秒間くらいブロックをさわり，パチッとさせて大人の方に見せる
(中略)

21　大人：「じゃあまた今度飛ばす研究しようか。ねっ」D君のほうを見る
22　D　：大人の方を見て，自分の手元と大人のほうをちらちら交互に2回見た後，大人の方に向かってブロックを飛ばそうとする

セッションの終了の誘いかけはターン1，11，21の3回行われたが，いずれも効果をあげなかった。そこで2週間後のセッションでは，このような不発のやりとりを重ねた後，筆者の提案に沿って可能な限りあからさまにかつ詳しく話しかけることにした。

大人：「D君，さっきお母さんとね，あの時計が4か5くらいになったら終わりにしますって言ったんだけど，だからお姉さんはそろそろ終わらせたいんですが，Dくんはいつ終わりにしたいですか？」
D　：「もうそろそろ終わらせたい。」

以下はこの大学院生の感想である。「言葉を増やしたら，終了まではスムーズだった。でも，お母さんに終了時間を伝えていることを一番先に伝えたり，Dくんにとってはけっこうキツめに“終わりにしなければならない”ことが伝わってしまったかな，と感じた。本当に終わりにしたかったのなら問題は無いのだけれど，本当は終わらせたくないのに言わせたという可能性も考えられるのかな？　と私自身少しひっかかった」。

物事をあるタイミングで終了することや開始することの交渉は，自閉症児が相手の場合，円滑にすすまないことがよくある。大人の側があからさまにいうと伝わる。なかなかここまであからさまにいうのは大人にはためらわれるところであろうが，支援では考慮すべき事項である。

6 幼児期

最後は4歳のアスペルガー症候群のE児と，彼が通っていたクリニックのスタッフとのコミュンケーションである。クリニックで筆者が偶然耳にしたものの聞き書きで，文字転写資料はやや正確さにかけるかもしれないが，アスペル

ガー症候群幼児のコミュニケーションでみられる問題の一端をよく表している。以下で記す○○教室はクリニックの通称である。なお，その近辺あるいは室内には鉄棒は存在しない。

1 大人:「○○教室で好きな物なに？」
2 E :「トミカ。」
3 大人:「じゃ，嫌いなものは？」
4 E :「鉄棒。」
5 大人:「○○教室で嫌いなものは？」
6 E :「滑り台。」

大人の質問3は質問1を踏まえている。「じゃ」がその標識となっている。

E児はそう受け取らなかったようで，質問3への答えは最初の質問の延長線上からそれている。隣り合う二つの質問の関連に彼は気づいていない。連結する2つの発話の関連を見つけるのは，橋渡し推論（bridging inferences:井関，2006）と呼ばれる。例えば，“ドロシーはバケツの水を火に注いだ．火は消えた”という文章を読んだときに，それぞれの文の述べる内容を理解しただけでは，テキストの述べる状況を適切に理解したとはいえない。この文章から整合的なテキスト表象を構築するには，2文目の述べる“火が消えた”という状態変化が1文目の“水を注ぐ”という行為の因果的帰結であることを推論しなければならない．このように,入力情報と先行情報の間のギャップ（“水が”消したことは文章中では明示されない）を埋めることによって両者を関係づける橋渡し推論は整合性の確立に貢献する。大人が的確な答えを得るには質問3で言葉にしなかった部分（下線部）を質問5で述べる必要があった。このような語用論的な補償を行うことが支援となるケースである。

【引用・参考文献】

井関龍太（2006）．テキスト理解におけるオンライン推論生成の規定因―整合性とアクセス可能性の比較．認知科学，13（2），205-224.

大井　学(2015)．隠喩,皮肉,間接依頼:自閉症における言語の字義性について．コミュニケーション障害学，32（1），1-10.

Topics

最近のユニークな試み

1 ソーシャルシンキング

稲田尚子

1 ソーシャルシンキングとは

ソーシャルシンキング（Social Thinking：対人的思考）は，米国で認定言語聴覚士のミシェル・ガルシア・ウィナー（Michelle Garcia Winner）らによって，知的障害がない自閉スペクトラム症（ASD）をはじめとする対人認知能力に困難がある子どもや大人を対象として開発された，用語，枠組みである。ソーシャルシンキングとは，人が他者と関わる際にどのようにふるまうべきかについて考えることであり，また，自分自身のふるまい方に他者が与える影響，自身の言動に対する他者の応答，および自分自身の感情，について考えることとされている。つまり，自分とまわりの人の行動，思考，気分の関連を理解し，ASDには困難とされている，相手の意図を推測し，文脈に応じた行動を自分で考え出すことができるようにするための認知行動論的アプローチである。

現在，ソーシャルシンキングの枠組みは，すでに全米中の多くの特別支援の現場で活用されており，米国以外の国でも導入され始めてきている。筆者は現在，米国のアリゾナ州に住んでおり，見学に行った複数の特別支援学級やプリスクールにソーシャルシンキングの絵本教材が数多く置かれ，またそれらが授業で子どもに使用されていることに驚いた。そしてその内容を詳しく知るにつれ，ASD児者の支援に我が国でも導入すべき重要な概念であるとの思いを強く抱いた。本稿では，小学生を対象とした，ソーシャルシンキングを教える中核的な教材である，”You Are a Social Detective!　Explaining Social Thinking to Kids（Winner & Crook，2008）”を中心に紹介しながら，ソーシャルシンキングについて解説する。

2 ソーシャルシンキングとソーシャルスキル

ASDの子どもたちの社会性を伸ばすために，よく知られている支援方法の一つとしてソーシャルスキルトレーニングがある。ソーシャルシンキングとは，どのように関連するのであろうか。ソーシャルスキルとは，「ほかの人に挨拶をする」などの社会的に望ましい行動スキルのことであり，そのヴァリエーションが増えることは，社会性の改善につながる。しかし，ASD児者はその障害特性から，文脈に応じてソーシャルスキルを使い分けたり，微調整することが難しく，例えば，“ほかの人に「おはよう」と言う”ということを学んだASDの子どもは，どんな時も誰に対しても「おはよう」と言ってしまうことも少なくない。ある一定の年齢になれば，友人や家族には「おはよう」と言い，学校の先生やよく知らない大人には「おはようございます」と言い方を変えることが期待される場面においても，である。そして，まわりの人が「奇妙だ」と感じていても，そのことに気づかない。一方，ソーシャルシンキングは，まわりの人が何をしているかをよく観察し，その場でどんな行動が期待されているのか，などを考えることにより，いつ，誰と，どこにいるかに応じた適切なふるまいを自分で考え出すための方略である。つまり，ソーシャルシンキングは，身につけたソーシャルスキルを適切に発揮するための前提となるものなのである。

3 ソーシャルシンキングの教材『きみはソーシャル探偵！』

ソーシャルシンキングを学ぶための教材は，幼児から成人を対象としたものまで，数多く開発されている。ユニークなのは，象徴的なキャラクターを用いて，子どもが親しみやすく興味を持ちやすい絵本教材を創出している点である。ソーシャルシンキングの中核的な絵本教材として，“You Are a Social

Detective! Explaining Social Thinking to Kids”(Winner & Crook, 2008)がある。主に小学生を対象としているが，絵本を楽しむことができる，社会性の発達が未熟な中学生や高校生にも使用できる。この本は，邦題『きみはソーシャル探偵！子どもと学ぶソーシャルシンキング』とした訳書が，筆者らによって金子書房より刊行された。この本は，ストーリー，重要キーワード，3つのグループワークから主に構成されており，以下，この訳書をもとに解説する。

（1）ストーリー

ストーリーは，主に3つのパートからなる：（1）ソーシャル得意脳／学校得意脳とまわりの人から期待されている行動を知ろう，（2）期待されていない行動を知ろう，（3）ソーシャル探偵になろう。後述する重要キーワードを用いながら，期待されている行動や期待されていない行動をすることが人の行動がまわりの人の気分にどう影響するのか，まわりの人の気分を変えるためにどう自分の行動を変えればいいのか，などについて，イラストを用いながら分かりやすく説明されている。ソーシャル探偵になってソーシャル得意脳を毎日いつでも使い続けることで，ゆくゆくはソーシャルシンカーになれることを伝えている。

（2）重要キーワード

ソーシャルシンキングを学ぶために，キーワードを使って，人の認知，感情，行動との関連を分かりやすく解説する方法がとられている。本教材では，以下のようなキーワードを用いて，ソーシャルシンキングの概念を伝えている。

- **Social Smart（ソーシャル得意脳）**：自分のまわりに人がいるとき，いつでも使う“得意脳”の種類の１つ。ソーシャル得意脳を使うと，まわりの人が私たちについて考えているということ，私たちもまたまわりの人について考えているということが分かる。
- **School Smart（学校得意脳）**：別の種類の“得意脳”で，学校で勉強するときに使うもの。ほかにも，算数得意脳，コンピューター得意脳，音楽得意脳，理科得意脳など，たくさんの種類がある。

- **Expected（期待されている行動）**：私たちがすることや言うことの中で，私たちについて「いいね！」という考えをまわりの人に抱かせたり，人をいい気分にさせるようなこと。期待されている行動がどんな行動であるかは，私たちがいつ，どこに，誰と一緒にいるかによって変わる。
- **Unexpected（期待されていない行動）**：私たちがすることや言うことの中で，私たちについて「いやだな」（「変」）という考えをまわりの人に抱かせたり，人を嫌な気分にさせたり，怒らせたり，行儀が悪いと感じさせたりするようなこと。期待されていない行動がどんな行動であるかは，私たちがいつ，どこに，誰と一緒にいるかによって変わる。
- **Body in the group（集団に参加している体）**：もしまわりにいる人が，あなたを集団の一部だと感じたら，あなたの体は集団に参加していることになる。例えば，集団の中で立つときには，あなたのとなりや前後にいる人から腕一本分の長さだけ離れておく。
- **Brain in the group（集団に参加している脳）**：もしまわりにいる人が，あなたが集団の中で起きていることに注意を払っていると感じたら，あなたの脳は集団に参加していることになる。例えば，自分自身の目を使ってまわりの人のことを考えたり，自分自身の耳を使ってまわりの人が話していることを聞いているときのこと。
- **Thinking with your eye（自分の目を使って考える）**：自分自身の目を使って人を見ること。それによってまわりの人は，あなたがその人のしていることや言っていることについて考えていると感じる。
- **Social Detective（ソーシャル探偵）**：私たちは，だれもがソーシャル探偵である。まわりの人がその時していることや次にしようと思っていること，また，まわりの人の言葉や行動が意味していることを，自分自身の目，耳，脳を使って考え出そうとするとき，ソーシャル名探偵になることができる。
- **Smart Guess（賢い推測）**：私たちがものごとを理解しようとするために，ソーシャル探偵の重要アイテム（見えていること，聞いていること，知っていること，覚えていること，感じることなど）を使って，ものごとを理解すること，そしてその理解に基づいて推測をすることである。例えば，学校の先生は，教室の中で，私たちが“賢い推測”をすることを期待している。先生がいったん情報を伝えたら，私たちはその情報を使って，ほかに必要なことや次に起きそうなことを推測することが期待されている。賢い推測によって考え出された行動は，まわりの人から「期待されている行動」であり，私たちがものごとを理解しようとしていることを知ると，その人には私たちについて“いいね！”という考えが浮かぶ。

（3）ソーシャルシンキングを身につけるための３つのグループワーク

本の巻末には，ソーシャルシンキングを身につけるためのグループワークが3つ紹介されている。グループだけでなく，個別での実施も可能であり，いずれもキーワードを用いて，ゲーム感覚で楽しくソーシャルシンキングを学んでいくことができるアクティビティである。以下に概要を簡単に紹介する。

○集団の中で期待されている行動と期待されていない行動を考えてみよう

①教室などで一箇所に集まり，支援者が奇妙な行動，つまり「期待されていない行動」をする（例:床の上に寝そべる，集団に背を向けて座る）。②その後，子どもたちに，支援者の行動について何か間違っていたり，変だと思ったかどうかを話してもらい，どんな行動が「期待されている行動」と「期待されていない行動」かについて話し合う。③支援者が「期待されていない行動」や「期待されている行動」をしている時に，子どもたちがどんな気分になったかに加え，行動と気分の関係や，まわりの人の気分を変えるためにどう自分の行動を変えればいいか，などについて話し合う。

○自分の目を使って考えてみよう

子どもたちに目を閉じてもらい，支援者は「あっちを見て壁に何が貼ってあるか教えて」，「あれは誰？」などと質問する。②支援者の質問に子どもたちが答えられないのは，何もみることができないからだということを教え，その後，目を開けてもらい「自分の目で考える」というキーワードを伝える。③支援者の視線の先に注目することによって，支援者が見ているものを子どもが当てるゲームをして遊ぶ（例：腕時計を見る，壁のポスターを見る）。

○ソーシャル探偵になって考えてみよう

①これからソーシャル探偵になってもらうこと，その仕事はまわりの人が何をしようとしているかを推理することであると伝える。②「私の計画がわかる？」というゲームをして遊ぶ（例：支援者がペンに手を伸ばして，寸前で動きを止め，何をしようとしているかを子どもたちに推理させる）。③子どもの一人と役割交替し，何かしらの動作（ドアノブに手を伸ばす，など）をしてもらい，寸前で止めて，何をしようとしているのか，まわりの子どもたちに推理させる。

4 おわりに

ソーシャルシンキングは，ASDの認知特性（心の理論の障害，中枢性統合の脆弱性，実行機能障害など）を踏まえた上で，人の行動，思考，気分の関連を理解し，文脈に応じた対人的なふるまいを自分で考え出すことができるようになるための方略である。そしてそのための教材やカリキュラムなどが多数開発されている。ソーシャルシンキングは，子どもたちが身につけたソーシャルスキルを適切に発揮していくための前提となるものであり，今後，日本におけるASDの支援において，ソーシャルシンキングが重要な役割を果たしていくことは間違いない。今回は，主に小学生を対象とした教材を通して，ソーシャルシンキングのプログラムを紹介したが，これは全体のほんの一部にすぎない。幼児から大人まで，ソーシャルシンキングを学ぶための様々な教材やカリキュラムが開発されている。これから筆者自身も学びを深めるとともに，少しずつ我が国に紹介していきたい。

【引用・参考文献】

Winner, M & Crook, P (2008) You Are a Social Detective: Explaining Social Thinking to Kids. Think Social Publishing, Inc. San Jose.（稲田尚子，三宅篤子（訳）(2016) きみはソーシャル探偵！—子どもと学ぶソーシャルシンキング．金子書房）

2 困ったことを研究する「自分研究所」
――子どもの当事者研究の可能性

森村美和子

1 はじめに

「ぼくってバカなのかな？」ある日，通級に通うA君がつぶやいた。教師としてドキッとする言葉だ。理由はこうだ。「みんなが当たり前にできることがぼくにはできない」「何度練習してもダメ」と言う。彼は，字を書くことに困難さを抱えていた。それだけじゃない。一方的に話してしまうので友だちとうまくいかないことやいつも忘れ物をしてしまうことにも悩んでいた。「ふつうになりたいだけなんだ……」彼の言葉は，私に重くのしかかる。これは，A君に限ったことではない。高学年になるとこれまでの積み重なった失敗体験等から自信や意欲が低下し，不適応感が高まったり，他者との違いを感じ始めるたりする児童が少なからずいる。そんな子供たちに，苦手さや自己の嫌な部分も得意な部分もすべて含めてトータルで自分を受け止め，折り合いをつけて生きていってほしいなと常々感じている。

本校の通級指導教室では，小集団のグループ指導でSST（Social Skills Training）を行い，社会適応の力を伸ばし，自己理解を深める等のプログラムを行っている。小集団のプログラムは，グループの構成メンバーの実態や課題に応じて作成するため，多種多様である。今回はその中で，自己理解に焦点を当てた「自分研究所」の高学年グループの実践事例を紹介する。

2 「自分研究所」とは

「自分研究所」とは，自分の困っていることを分析し，仲間と対処方法を考え，実験していく活動である。活動に取り組む前提として，子どもたちが日常から困っていることを気軽に話せるような指導者との関係や仲間と語り合える雰囲気づくりは欠かせない。テーマに合わせて簡潔に話す活動等負荷の低い活動からスタートし，自分のことを話し受け止めてもらえる体験を積ませておくことが大切だ。

3 「自分研究所」の授業の流れ

研究所の所長は先生，研究員は子どもたち。教室を研究所に見立てて活動がスタートした。

(1) 困っていることを話そう！

自分の苦手なことや困っていることを友だちと共有してみる。「ぼくも」「あるある!」と同じ悩みで盛り上がったり,「へえ」「悩みあるんだ」とびっくりしたり子どもたちの反応は様々だ。通級という少し日常から切り離した場だからこそ，苦手や困っている事，悩みも安心して話せることができるのだろう。

(2) 困っていることを分析しよう――キャラクター作り

自分の困っていることを分析シートに個人で記入し，いつ，どんな時に困っていることが現れるかを詳しく分析した。キャラクター作りをし，困っていることのタイプやキャラクターネームを一緒に考え，絵も描いていった。困っていることをいったん自分と切り離し，外在化して捉えるようにした。本人の実感しやすい課題から無理せず取り組むようにした。

(3) 対応方法を仲間と話し合おう――ブレーンストーミング

分析シートに書いた内容を発表し，みんなで対応方法を考えブレーンストーミングをする。ブレーンストーミングの約束は「危険・不快なこと以外なら何でもOK。どんな意見も「いいね」「なるほど」と受け止める約束を確認してからスタートした。

（4）インタビューしよう

学校中の先生に研究協力を得て，困ったことの対応方法を聞いた。「イライラタイプの研究をしています。どう対応したらいいかを教えてください」と自分研究を説明し，対応方法を聞いていった。子どもたちにとっては，人に聞いたりヘルプを求めることは大事なスキルで，困ったら相談してみることを学ぶきっかけになった。なにより効果的だったのは，先生たちのまなざしが変化したことだ。「困った子」から「困っている子」への変化，そして共に研究しようという意識は，理解を促進する上で有効かもしれないと感じる。

（5）対応カードを作ろう

ブレーンストーミングやインタビューで得られた意見の中で，自分自身で活用できそうなものを選び，分担して対応カードを作成した。「深呼吸」「顔を洗う」「短時間ねる」「タイマーではかる」など，たくさんのカードができた。

（6）実験（実践）・ふりかえろう

対応カードの方法でうまくいくか実際にやってみる。次の回に振り返りをしてまた対策を練る。「うまくいかなくても，それが実験。失敗も次の分析材料になる」という気持ちで取り組めるのが研究，実験のいいところだと思う。

（7）研究発表会・発表内容を掲示板でシェア

スライドにまとめて研究発表をし，通級の友だちや在籍の先生，保護者にプレゼンテーションをした。また，通級の掲示板に発表内容を壁新聞のように掲示した。付箋を用意し「いいね」「ぼくも」「わたしも」「おなじ！」「ナイスアイディア」等コメントを張った。低学年の子でも「ぼくも，忘れ物しちゃう。同じだ！」と掲示板に貼ることで，自己を語るきっかけになっている。

4 「自分研究所」研究事例紹介

実際に自分研究所を行った児童の事例について紹介していく。

（1）宿題に時間がかかる　キャラネーム「だらだらきん」さん

「めんどくさい」が口癖で，宿題に時間がかかる事に困っていたBさん。「1～2時間は宿題をやっててだらだらしちゃう」と言う。そんな自己をめんどくさいタイプのキャラネーム「だらだらきん」と命名し，研究をすることにした。みんなで考えた対応方法の中から「タイマーで計る」「終わったらおいしいものが待っている」「簡単なものから取り組む」「深呼吸」を選んで実験してみた（図9-1）。やっていく中で，実は課題にきっちりこだわってやっていたり，難しい問題でつかえると止まってしまったりといった違う視点にも気づき，少しずつ「まあいいか」と折り合いをつけることも覚えていく。タイマーで時間を視覚的に見て意識できたのも「時間短縮になった」と本人は気に入っていた。時には大人が本人のがんばりに期待するだけでなく，宿題の課題自体が本人に合っているのか，無理はない量や難易度かといった視点で確認することも大切だ。

（2）「いかりボール」君と「ちょっかいだこ」君のかかわり

ある日，通級の教室に「ちょっかいだこ」君が連れられてきた。また今日も友だちにちょっかいを出してケンカになったらしい。ここのところトラブル続きで怒られてばかりいた彼。自暴自棄になり，「どうせ俺なんて，ダメなんだ。

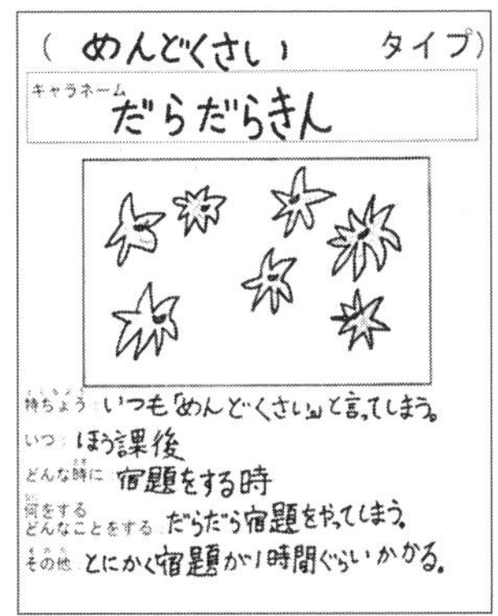

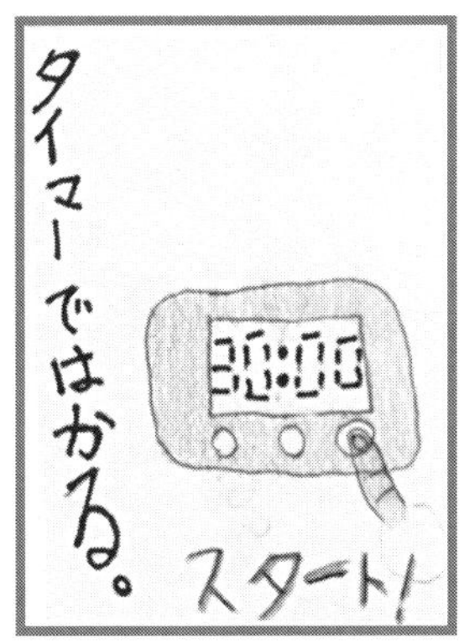

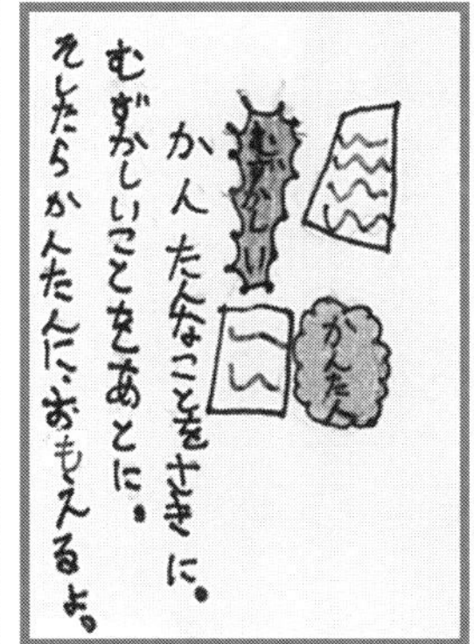

図9-1　キャラネーム「だらだらきん」の分析シートと対応カード

ほっといてくれ！」と叫んでいた。なだめようとする教師の声は耳に届かない。そこにたまたま居合わせた年上の「いかりボール」君が「昔の俺みたい……」とつぶやいた。その発言に「ちょっかいだこ」君がびっくりして反応した。それもそのはず，今の「いかりボール」君は落ち着いていて昔の姿は想像もつかない。「昔の俺はもっとすごかった。毎日ケンカ。教室にいられなかった」と過去の自分を語り，「このままじゃ教室にいられなくなるよ。僕がやった方法教えようか」とアドバイスもしてくれた。そんな話を聞く中で，「ちょっかいだこ」君はこうつぶやいた。

「ぼくも変われるかな……」

渦中にいると変われるなんて思えないのだ。可能性を知ると希望が生まれる。身近な仲間やモデルの存在は彼らにとって貴重な存在だ。その後，時間はかかったがアドバイスを試す中で，「ちょっかいだこ」君のトラブルは徐々に減っていく。アドバイスをくれた「いかりボール」君の卒業時の手紙の言葉が忘れられない。「先生，あの時暴力を止めてくれてありがとう」。どんなに暴れている子でもどこかで何とかしたいと思っているんだと気づかされる。大変な状況のときは，支援者である私も行き詰まりを感じることがある。どんな時も変化の可能性を信じ続けられる支援者でありたいと感じた瞬間だった。

（3）不安タイプのキャラネーム「泣き虫ゴースト」さん

友だちが怒られているのを聞くだけで不安な気持ちになってしまうというキャラネーム「泣き虫ゴースト」さん。対応方法に「お守り」「短時間ねる」「人生相談ノートを作る」「セラピードームに入る」を考え実践した。不安自体はすぐに収まり改善するわけではない。ただ色々と試すことで，何らかの対応方法があるかもしれないことや人にヘルプを求めてもいいことを覚えていく。初めは，安心できる大人との関係の中で語り，だんだんと友だちと話し，そして，自分のことを絵やマンガで表現し伝えてくれるようになった。人に伝え共有する事で不安な気持ちがあるのは自分だけではない事を体感していく。

彼女のマンガの中にこんな言葉があった。「今でも不安になることはあるけど，周りに相談してうまく不安と向き合ってます」。支援者として，適応を図る事や不安をなくす事にばかり気を取られていなかっただろうか。不安と上手に付き合っていくという彼女のようなスタンスが大事なのかもしれないと気づかされた言葉だった。

(4) キャラネーム「ちゃらけん」君――リフレーミングで考える

ある日子どもから「苦手って悪いの？」という疑問が上がった。状況を読めずいつまでもふざけすぎて先生に怒られるタイプの「ちゃらけん」君は，お楽しみ会には欠かせない。彼のおかげで盛り上がる。苦手は悪いことばかりじゃない。リフレーミングで考えてみることも時には大切だ。

5 おわりに

「ぼくだけじゃないんだ」。

自分研究所の取り組みをすると子どもたちからこんな声が上がる。自分だけがダメと一人で思い悩んでいる子どもたちにとって，困っていることを共有する仲間の存在は重要である。自己を語ること，語る仲間がいること，受け止めてもらえる体験をすること，多様な対応方法があること，そして変化の可能性を感じること。子どもであれ当事者自身が自分の困っていることを理解し，自己決定にかかわっていくことが大切だと感じる。「研究・実験に失敗はつきもの。失敗は成功の元」そう考えるだけで気持ちが少し楽になる。失敗とも上手に付き合っていく。それが自分研究所のよさかもしれない。子どもと共に行う当事者研究の可能性を感じている。

【参考・引用文献】

岡田智（編著），中村敏秀，森村美和子，岡田克己，山下公司（著）(2014). 特別支援教育をサポートするソーシャルスキルトレーニング（SST）実践教材集．ナツメ社.

3 テーブルトーク・ロールプレイングゲーム(TRPG)を活用した社会的コミュニケーションの支援

加藤浩平

1 はじめに

ASDなどの発達障害のある子どもや青年への社会的コミュニケーションの支援においては，同じ障害特性を持つ者同士の体験を保障する小グループ活動での支援が重要と言われており，1980年代より国内外でさまざまな実践がなされてきた。日本でも，ソーシャルスキルトレーニングや認知行動療法的なアプローチなどが小グループ活動の中で行われている。

筆者もまた，フリースクールやNPOの余暇活動，医療・福祉の現場などで，知的に遅れのない発達障害のある子どもや青年，成人を対象に，テーブルトーク・ロールプレイングゲーム（TRPG）という会話型の卓上ゲームを用いた小グループ活動に取り組んできた。本稿では，TRPGを用いたASDのある子どもたちの社会的コミュニケーションへの支援について紹介する。

2 TRPGとは

TRPGとは，複数名でテーブルを囲み，参加者同士のやり取りで架空の物語を作り上げていくことを楽しむ会話型のテーブルゲームである。事前にゲームの進行役である「ゲームマスター（GM）」がシナリオ，すなわち物語の設定やあらすじを作成し，他の参加者は「プレイヤー」として，「戦士」や「魔術師」といった物語の登場人物である「キャラクター」をルールに従って作成し，そのキャラクターを通してGMの用意した物語に参加する。コンピュータなどは使用せず，代わりに「キャラクターシート」と呼ばれる記録紙やサイコロ，筆記具などを使用する（図9-2，図9-3・次頁）。グループはGMが1名とプレイヤー3～6名，活動時間は90分～2時間ほどで実施することが多い。

以下は，子どもたちとのTRPG活動の一場面である。

G　M：……さて，君たちが薄暗い石造りのダンジョン（迷宮）を奥へと進んでいくと，やがて左右に道が分かれた場所にたどり着くよ。
戦　士：(他のキャラクターたちに）どっち行く？
魔術師：とりあえず周りを調べない？　何か手がかりがあるかもしれないし。
狩　人：それじゃ，地面を調べる。
G　M：地面には何かの動物の足跡があって，右の通路に続いているよ。
戦　士：よっしゃ，足跡の方に突撃！
魔術師：ちょっと待って。GM，アタシその足跡を調べたい。
G　M：いいよ。判定してみて。
魔術師：(サイコロを2つ振る)…… 10！　これは成功した？
G　M：そうだね。では，魔術師が地面の足跡を調べると，「ミノタウロス」という半人半獣の怪物のものとわかる。
魔術師：じゃあ，みんなに伝える。「この足跡，ミノタウロスだよ」って。
狩　人：ミノタウロスって…食えるの？（一同笑）
魔術師：たぶんすげー強いよ。こっちが食われるんじゃね？（笑）
戦　士：マジで?!　突撃やめます……。　(以下続く)

上記のように，参加者同士の会話を通して，物語の場面を皆でイメージしながら物語を進めていく。

TRPGには，通常のゲームのような参加者間で勝ち負けを競うことを基本的にはしない。代わりに物語には目標があり（たとえば「迷宮に隠された財宝を手に入れる」「ドラゴンにさらわれたお姫様を救出する」など）その目標を達成するために，参加者同士がコミュニケーションをしながら協力し（時には反発し）ゲームを進めていく。会話を通して参加者間で物語を共有し協同作業で物語を創り上げていくという点が，ほかの一般的なテーブルゲームやコンピュータゲームとは違ったTRPGの特徴である。

図9-2　TRPGの様子

図9-3　TRPGで使用する道具

「参加者同士がコミュニケーションと想像力を駆使して一緒に物語を楽しむゲーム」と書くと，発達障害のある子どもたちには不向きな活動のように感じる読者もいるかもしれない。しかし，筆者が関わるASDなどの発達障害のある子どもや青年たちは，毎回この活動に積極的に参加し，以下のエピソードに示すように活動の中でのコミュニケーションのやり取りを楽しんだり，TRPGで体験したことを日常生活に活かしたりしている。

友だちグループの中で，自分の好きな話を一方的にしゃべる傾向のある中学生のマコ。彼女はTRPG活動でもおしゃべりだが，TRPG活動の中でだんだんと他の参加者の発言やアドバイスを聞いて発言したり，自分のキャラクターの役割を意識して行動したりできるようになってきた。同時に，学校行事や部活動でも，TRPG活動の時の経験を活かして，話し合いなどの場で周囲の子の意見を求めるようになった。

「ウゼエ！」「話しかけんな！」と，周囲の子に乱暴な言葉をぶつける小学校高学年のレンジ。支援者が注意しても暴言が止まらなかったが，TRPG中にレンジのキャラクターがピンチの時，いつも暴言を吐かれていた子のキャラクターが助けてくれた。レンジは「助けてとは言ってねぇ」とブツブツ言っていたが，最後はその子に「……ありがとう」と一言。その後，暴言も減り，グループの子とも休憩時間中に漫画やアニメ，ゲームの話で仲良くおしゃべりをすることが増えた。

「つまらない」「面倒くさい」と言って学校や地域の集団活動に参加をしたがらない中学生のヨシオ。TRPGも参加当初は，親に誘われて仕方なく来たという感じだった。しかし，回数を重ねる中で少しずつ参加に積極的となり，また他の人とは違った彼独自の発言や提案が物語を盛り上げることも多く，いつの間にかグループ内で「参謀」的な役割を担うようになっていた。最近は他の子たちからも一目置かれ，「前に比べて協力的になった」と評価されるようにもなっている。

3 TRPGを通したコミュニケーション支援

これまでの実践・研究から，TRPGを通してASDのある子どもたちの自発的なコミュニケーションが促進したこと，また，話し合い活動の場での合意形成について積極的な変化があったことが報告されている（加藤ら，2012；加藤ら，2013）。また，TRPG活動に参加した子どもたちを対象に活動前後でアンケート調査をした結果，子どもたちのQOL（生活の質）の得点が有意に増加したという報告もされている（加藤・藤野，2016）。

ほかにもこの活動に参加した子どもたちに，TRPGへの感想や，TRPGを通して自身が「変わった」と思う点などをインタビュー形式でたずねたところ，次のような回答があった。

○普段は周囲と足並みをそろえるのが苦手だが，TRPGは皆バラバラに行動していても一人という感じはなかった

○コンピュータゲームと違って，TRPGはすぐそばに人がいるから楽しい

○学校では，「自分はぼっち（一人ぼっち）だな」と思うことがあるけど，TRPGではそういうことはなく，楽しく過ごせた

○TRPGの後で「こういうのが良かったよね」という話題で雑談ができる。それで自然と話せるようになった

○TRPGを体験して，前よりも会話することが楽しくなった

○コンピュータのRPGと違って，仲間との会話が自由にできるのが好き

○ゲーム中の行動が失敗した時もそれはそれで楽しかった

○TRPGの経験は，自分を客観的に見る上で助けになった

また，保護者からも「友人とトラブルがあっても関係の維持ができるようになった」「他の集団活動では参加にあまり積極的ではなかった子だったが，TRPGには自発的に参加していた」などの回答があった（加藤ら，2012）。

TRPGは，①ゲームのルールなどの「柔らかい枠組み」の中で自由度が維持されていること，②キャラクターによって参加する子どもの役割が明確になっていること，③仮想のキャラクターとして振る舞うことによって他者との直接の関わりでなくワンクッション置いたコミュニケーションになっていること，④参加者がゲームの中の物語を楽しみつつグループ全体やキャラクターの行動を少し離れた視点から観ることのできる構造であること，⑤勝敗を競うのではなく協力して課題を解決するゲームであること，などの特徴がある。筆者は実践を通して，それらのTRPGの特徴が，ASDのある子どもたちの自発的でポジティブな発話を促進し，かつ集団の中での自身のコミュニケーションへの客観的な気づきや学び体験をもたらしているのではないかと考察している。

4 TRPGを用いた余暇活動支援

余暇は子ども自身のQOLにも深く関わる重要な課題である。特に，同年代の友人同士の関わりが生活の中心を占めるようになる思春期やそれ以降の時期，発達障害のある子どもたちにとって，余暇の場を持つこと，そしてその居場所を維持していくことは，発達支援の面でも大切である。

筆者は現在，大学の教員や学生たちの協力のもと，発達障害のある子どもたちの余暇活動支援の一環として，TRPGを用いた小グループ支援のレクリエーション活動を，大学で定期的に実施している。毎月，中高生を中心に幅広い年齢層の子どもたちがTRPGを遊ぶのを楽しみに通ってきてくれている。またTRPG活動後は，スタッフの学生たちと好きなことについて雑談をしたり，お互いに好きなゲームやアニメ・マンガ作品の話題で盛り上がったりと，同じ趣味や興味を持つ仲間同士が交流する居場所にもなっている。

日戸ら（2010）は，余暇活動がASDのある子どもたちの心理活動拠点となり，余暇活動支援は，一般社会に適応するためのスキルの獲得や学校などでの支援を増強する重要な基盤づくりになることを，実践を交えて紹介している。筆者もまた，TRPGによる小グループ活動がASDのある子どもたちの特性に合った形で，彼らの居場所づくりや心理的な土台の一助となっていることを実感している。

なお，TRPGによる余暇活動については「コミュニケーションとゲーム研究会（コミュゲ研）」のサイト，または「東京学芸大学 特別支援教育」のサイトで詳細を閲覧可能である。

5 おわりに

ASDなどの発達障害のある子どもたちは，単純に集団活動やコミュニケーションが嫌い（または苦手）ということでは必ずしもない。環境や支援が本人に合っていれば，相互のコミュニケーションを自発的に楽しんでくれるし，自由にその独特で豊かな想像力を表現してくれる。さらにそれらの体験を皆と共有することもできる。そのことを筆者は実践や研究を通して強く感じている。

特別支援・発達支援分野におけるTRPGの研究はまだ少なく検証が必要な課題もあるが，子どもたちのコミュニケーションの力や想像力を促進し，かつそれらを自発的な形で豊かに広げ，お互いに理解し共有できる活動の一つの可能性を提示するものとして，今後も教育や支援の現場に対してTRPGの実践内容や研究結果を紹介していきたいと考えている。

【引用・参考文献】

コミュニケーションとゲーム研究会（コミュゲ研）：https：//www.facebook.com/comgame2014

加藤浩平・藤野　博・糸井岳史・米田衆介（2012）．高機能自閉症スペクトラム児の小集団におけるコミュニケーション支援──テーブルトークロールプレイングゲーム（TRPG）の有効性について．コミュニケーション障害学 29（1），9-17.

加藤浩平・藤野　博・米田衆介（2013）．テーブルトーク・ロールプレイングゲーム活動における高機能自閉症スペクトラム児の合意形成過程．コミュニケーション障害学．30（3），147-154.

加藤浩平・藤野　博（2016）．TRPGはASD児のQOLを高めるか？．東京学芸大学紀要．67（2），215-221.

加藤浩平・保田　琳（2014）．いただきダンジョンRPGルールブック．コミュニケーションとゲーム研究会．（なお，ルールブックは，「遊学芸」のサイト（http：//yogakugei.blog.fc2.com/）で，無料ダウンロードが可能）

日戸由刈・萬木はるか・武部正明・本田秀夫（2010）アスペルガー症候群の学齢児に対する社会参加支援の新しい方略 ── 共通の興味を媒介とした本人同士の仲間関係形成と親のサポート体制づくり．精神医学．52（11），1049-1056.

特別支援教育を学ぶなら東京学芸大学へ！：http：//sne-gakugei.jp

著者紹介（執筆順）

藤野　博	（ふじの・ひろし）	編者・東京学芸大学教育学部教授
日戸由刈	（にっと・ゆかり）	横浜市総合リハビリテーションセンター 児童発達支援事業所「ぴーす新横浜」 園長，臨床心理士
阿部利彦	（あべ・としひこ）	星槎大学大学院教育学研究科准教授， 日本授業 UD 学会理事
坂井　聡	（さかい・さとし）	香川大学教育学部教授
田中真理	（たなか・まり）	九州大学教授
野口和人	（のぐち・かずひと）	東北大学大学院教育学研究科教授
高森　明	（こうもり・あきら）	発達障害者
熊谷晋一郎	（くまがや・しんいちろう）	東京大学先端科学技術研究センター 准教授
大井　学	（おおい・まなぶ）	金沢大学人間社会学域学校教育学類 教授
稲田尚子	（いなだ・なおこ）	日本学術振興会／ 東京大学大学院教育学研究科特別研究員
森村美和子	（もりむら・みわこ）	東京都狛江市立緑野小学校 特別支援教室主任教諭
加藤浩平	（かとう・こうへい）	東京学芸大学大学院連合学校教育学 研究科博士課程／編集者

監修者紹介

柘植雅義（つげ・まさよし）

筑波大学人間系障害科学域教授。愛知教育大学大学院修士課程修了，筑波大学大学院修士課程修了，筑波大学より博士（教育学）。国立特殊教育総合研究所研究室長，カリフォルニア大学ロサンゼルス校（UCLA）客員研究員，文部科学省特別支援教育調査官，兵庫教育大学大学院教授，国立特別支援教育総合研究所上席総括研究員・教育情報部長・発達障害教育情報センター長を経て現職。主な著書に，『高等学校の特別支援教育 Q&A』（共編，金子書房，2013），『教室の中の気質と学級づくり』（翻訳，金子書房，2010），『特別支援教育』（中央公論新社，2013）『はじめての特別支援教育』（編著，有斐閣，2010），『特別支援教育の新たな展開』（勁草書房，2008），『学習障害（LD）』（中央公論新社，2002）など多数。

編著者紹介

藤野　博（ふじの・ひろし）

東京学芸大学教育学部教授。日本発達心理学会理事。東北大学大学院教育学研究科博士前期課程修了。東北大学より博士（教育学）。川崎医療福祉大学専任講師，東京学芸大学専任講師，同大学助教授（准教授）を経て，現職。専門はコミュニケーション障害学，臨床発達心理学。主な著書に，『発達障害の子の立ち直り力「レジリエンス」を育てる本（健康ライブラリー）』（講談社，2015），『障がいのある子との遊びサポートブック』（学苑社，2008）『自閉症スペクトラム SST スタートブック』（学苑社，2010）『学童期の支援（臨床発達心理学・理論と実践４巻』（共編・ミネルヴァ書房，2011）『クラスで気になる子の支援ズバッと解決ファイル』（共著・金子書房）など多数。

ハンディシリーズ　発達障害支援・特別支援教育ナビ
発達障害のある子の社会性とコミュニケーションの支援

2016年 8月25日　初版第1刷発行　［検印省略］
2016年12月26日　初版第2刷発行

監修者　柘　植　雅　義
編著者　藤　野　　　博
発行者　金　子　紀　子
発行所　㍿金　子　書　房

〒112-0012　東京都文京区大塚3-3-7
TEL　03-3941-0111㈹
FAX　03-3941-0163
振替　00180-9-103376
URL　http://www.kanekoshobo.co.jp

印刷／藤原印刷株式会社　製本／株式会社宮製本所
装丁・デザイン・本文レイアウト／mammoth.

ISBN 978-4-7608-9547-2　C3311　Printed in Japan